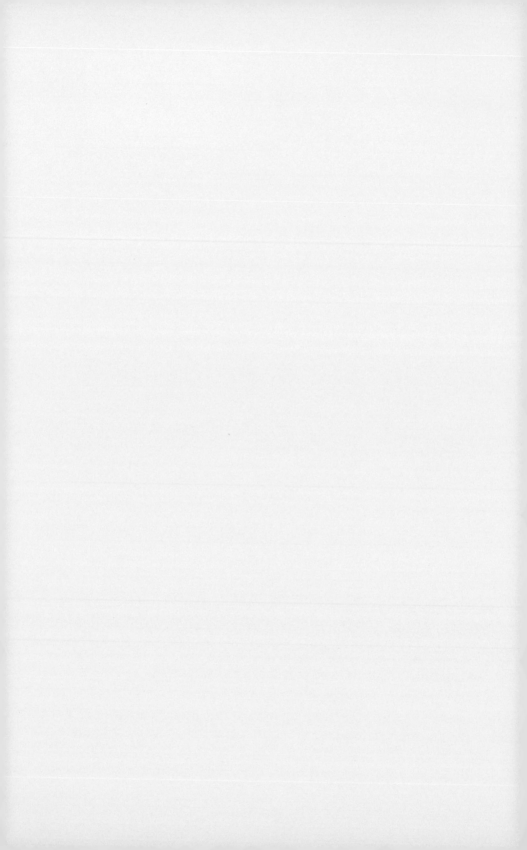

해향
박명섭 선생과 더불어

Going along with sea rumble,
Mr. Myong-sop Pak

海響 朴明燮 문하생 및 지인 편저

法 文 社

발 간 사

　박명섭 교수님께서는 40여 년간의 교직생활을 마무리하시고 2022년 8월 성균관대학교 글로벌 경영학과에서 정년퇴임을 하셨습니다. 당시에도 코로나19가 지속되는 상황이었기에 학교에서는 퇴임하는 교수님들과 가족, 학교 관계자들만 초대하여 소규모 퇴임행사를 했고 제자들은 참석할 수 없었습니다. 제자들은 따로 퇴임행사를 추진했지만 여러 사정으로 해당 학기에 진행하지 못했습니다. 우여곡절 끝에 11월 말 정년퇴임 기념논문집을 발행하고 2022년 12월 8일에 교수님의 정년퇴임 기념행사를 할 수 있었습니다. 그리고 본서의 발행을 위한 본격적인 원고 모집이 시작되었습니다.

　교수님께서는 그동안의 교직생활을 돌아보고 제자들과의 추억을 회고하고자 직접 원고 의뢰를 하셨고, 원고를 모아 교열하는 작업을 함께 진행하게 되었습니다. 원고를 취합하는 과정에서 일면식도 없는 분들께 글을 받고 회신을 하고, 연락이 뜸했던 선후배들과도 연락을 주고받게 되었습니다. 우리들은 서로 일면식도 없었지만, 또는 못 만난 지 오래되었지만 "박명섭 교수님"이라는 연결 고리로 인해 원고를 주고받았습니다. 교수님께서 부산 수산대학교와 부경대학교 재직 중에 맺은 인연들과 성균관대학교에서의 인연들 모두 원고 작성에 동참해 주셨습니다.

　교수님의 오랜 교직생활과 추억들을 작은 책 한 권으로 요약할 수는 없겠지만 지인과 제자들의 원고를 모아 『해향 박명섭 선생과 더불어』를 발간하게 되었습니다. "우리"라는 단어는 "울"로도 표현되는데 "울타리"의 의미도 가진다고 생각합니다. 우리는 모두 "우리 교수님"이라 부를 수 있는 "박명섭 교수님"의 인연들이고, 교수님이라는 울타리 속에서 함께한 추억이 있기 때문입니다. 분명 30대, 40대, 50대의 교수님은 지금과는 사뭇 다른 모습, 다른 생각을 가지고 계셨을 것입니다. 우리 제자들 모두가 같은 시기에 교수님의 지도를 받지 않았고, 각자가 교수님의 오랜 세월 중 일부를 함께 했을 뿐이라 우리들 기억 속의 교수님은 조금씩 다른 모습으로 표현될 수 있을 것입니다. 그러나 그 또한 우리 교수님의 모습이고 그 당시의 교수님과 추억은 없지만 서로의 글을 통해 예전의 교수님을 간접적으로나마 투영할 수 있을 것으로 생각합니다.

세월의 흐름 속에서 변화도 당연한 것이라 예전 그때 그 시절과는 달라질 수밖에 없는 우리들은 각자의 생활이 바쁘다 보니 교수님과의 추억을 상기할 기회가 많지 않은 것 같습니다. 그렇지만 시간이 흘러 대부분의 기억이 희미해진다 해도 인생에서 중요한 시기의 기억들은 잊히지 않는 것 같습니다. 본서를 통해 잠시라도 예전 기억을 떠올려 볼 수 있는 시간을 가지시면 좋겠습니다. 가까워지고 멀어지는 수많은 인연들 중에 박명섭 교수님과의 추억을 나누어 주신 모든 분들께 감사의 말씀을 드립니다. 끝으로 본서의 발간에 재정적으로 도움을 주신 여러분께 고마움을 전합니다.

2023년 5월
제자 홍란주 배상

박명섭 교수의 주요 경력 및 주요 저서와 논문

▪ 학 력

- 1972.03 ~ 1975.02 경남고등학교 졸업
- 1975.03 ~ 1981.02 성균관대학교 무역학과 경제학사
- 1981.03 ~ 1983.02 성균관대학교 대학원 무역학과 경제학석사
- 1983.03 ~ 1988.08 성균관대학교 대학원 무역학과 박사수료(ABD)
- 1988.09 ~ 1991.07 (영) 리버풀대학 경제학과 Ph.D.

▪ 경 력

2022.09 ~ 현재	사단법인 한국해양통상무역연구원장
2022.09 ~ 현재	성균관대학교 경영대학 글로벌경영학과 명예교수
2002.03 ~ 2022.08	성균관대학교 경영대학 글로벌경영학과 교수
1996.07 ~ 2002.02	부경대학교 국제통상학부 교수
1996.01 ~ 1996.12	일본 코베대학 경영학부 객원연구원(Japan Foundation Fellow)
1994.07 ~ 1994.08	미국 USIS 초청 Summer Institute for U.S. Economic and Public Policy for Foreign University Teachers 과정 수료
1985.03 ~ 1996.07	부산수산대학교 무역학과 교수(학과장, 학부장, 학생과장)
1984.03 ~ 1985.02	부산수산대학교 무역학과 시간강사
1983.03 ~ 1984.02	부산수산대학교(現 부경대) 무역학과 조교(교육공무원)

〈조직 경영 분야〉

2012.03 ~ 2013.02	성균관대학교 무역연구소 소장
2011.03 ~ 2012.02	성균관대학교 Asia MBA Director
2004.03 ~ 2015.02	성균관대학교 대학원 무역학과 학과장

〈전문 학회 분야〉

2018.09 ~ 현재	International Maritime History Association 회원
2018.01 ~ 현재	한국무역경영학회 회장
2017.02 ~ 2020.02	비영리법인 국가해양포럼 대표
2014.09 ~ 현재	사단법인 한국해양비즈니스학회 이사장
2014.01 ~ 2014.12	한국무역학회 회장
2013.01 ~ 2013.12	한국해양비즈니스학회 회장
2013.01 ~ 2013.12	한국무역상무학회 부회장, 국제화위원장
2012.01 ~ 2012.12	한국무역학회 영문지(SSCI등재학술지) 편집위원장

2012.01 ~ 2012.12	한국해양비즈니스학회 편집위원장
2009.01 ~ 2010.12	한국안보통상학회 회장
2003.04 ~ 2008.12	한국해양비즈니스학회 초대회장
2002.03 ~ 2008.12	한국무역학회 영문지(JKT) 심사위원장
1984.01 ~ 1990.12	일본 해운경제학회 회원, 일본항만경제학회 회원

〈공공 자문 분야〉

2019.07 ~ 2022.08	에너지경제연구원 비상임 감사
2018.10 ~ 2022.08	해양수산부 중앙항만정책심의회 위원, 정책자문위원회 위원
2014.01 ~ 2018.04	경제·인문사회연구회 기획평가위원회 위원, 윤리위원회 위원
2016.01 ~ 2018.04	경제·인문사회연구회 연구개발적립금 심의위원
2016.01 ~ 2016.06	부산일보 부일시론 필진
2013.12	한국해양수산개발원 품질평가위원, 심사위원
2013.07	외교통상부 심사위원
2013.02	안전행정부 심사위원
2013.01 ~ 2014.12	경기도청 경영평가위원
2013.01 ~ 2013.02	안전행정부 면접심사위원
2013.01	수원대학교 심사위원
2012.12	한국해양수산개발원 품질평가위원
2012.12	한국무역보험공사 심사위원
2012.07 ~ 2012.12	한국산업인력공단 국가자격시험 선정위원
2012.04	한국연구재단 중견연구자 지원사업 평가위원
2011.10 ~ 2013.09	교육과학기술부 심의위원
2011.04 ~ 2013.04	전략물자관리원 자문위원
2010.01 ~ 2012.12	기획재정부 공공기관 경영평가위원
2011.01 ~ 2011.12	외교통상부 주재관 공개모집 선발심사위원회 심의위원
2010.09 ~ 2011.08	교과부 교육과정심의회 심의위원
2010.07	한국해양수산개발원 2010년 기본연구과제 심의위원
2010.05	한국연구재단 BK 21 2010년도 연차평가위원회 위원
2010.05 ~ 2011.05	한국무역협회 운영위원회(국제물류지원단 운영위원)
2010.01 ~ 2010.02	행안부 2010년도 7급 공채 필기시험 문제은행 보완관련 출제위원
2009.09 ~ 2013.09	교과부 교육과정심의회 위원
2009.08	한국연구재단 학문후속세대양성(박사 후 국내연수) 평가 위원
2009.07 ~ 2011.06	민주평화통일자문회의 상임자문위원
2009.04 ~ 2011.03	한국물류산업정책연구원 연구소장
2009.03 ~ 2011.02	민주 평통 경제과학 환경위원회 상임위원
2008.06 ~ 2008.12	배출권거래 자문단(환경부) 자문위원
2008.05 ~ 2010.02	한국교통연구원 자문위원회 자문위원
2008.05 ~ 2011.03	한국무역협회 제3자 물류 활용유도 컨설팅 국고보조사업 운영위원장

2008.04 ~ 2008.09	국민일보 '경제시평' 칼럼 필진
2008.03 ~ 2010.02	한국해양수산개발원 심의위원
2008.01	중앙인사위원회 08년도 제1차(9급) 문제은행 보완 관련 출제위원
2007.08	건설교통부 제11회 물류관리사 자격시험 선정위원
2007.05	경상북도 지방공무원 임용시험 문제 검증 위원
2006.10	산업자원부 전시산업기반 구축 추진위원회 위원
2006.10	한국연구재단 기초연구지원 기초과학 발표 평가 주심사자
2005.01 ~ 2006.12	노동부 e-Training 심사위원회 위원
2004.12	중앙인사위원회 국가고시 시험위원(제42회 7급 공채시험)
2004.02	정보통신연구진흥원 정보통신연구기반조성사업 평가위원
2003.12 ~ 2005.11	해양수산부 민간투자사업계획 평가위원
1999.03 ~ 2001.02	부산광역시 도시개혁위원회 위원
1998.03 ~ 현재	대한상사중재원 중재원 중재인
1998.03 ~ 1999.02	부산발전연구원 자문위원
1996.01 ~ 2007.12	해양수산부 부산선원노동위원회 공익위원
1995.01 ~ 1997.12	부산상공회의소 부산경제원 자문위원

〈국제 협력 분야〉

2013.07	외교통상부 심사위원
2007.12 ~ 2008.12	동북아시대 자문위원회 자문위원
2006.04 ~ 한미FTA 협상 종료까지	외교통상부 한·미 FTA 전문가 자문위원
2006.02 ~ 2008.12	대통령자문 동북아시대 위원회 자문위원
2004.08 ~ 2006.07	외교통상부 농·수산물부문 통상교섭 민간자문그룹 자문위원
2003.09 ~ 2006.02	대한서울상공회의소 국제위원회 자문위원
2003.03 ~ 2003.04	외교통상부 WTO/DDA 협상회의 비농산물 시장접근 정부대표

■ 상 훈

- 2022.08 황조근정훈장(제39064호)
- 2014.12 근정포장(제98564호, 2014년 무역의 날)
- 2013.08 성균관대학교 Teaching Award
- 2010.05 대통령표창(제17273호, 제15회 바다의 날)
- 2008.12 한국무역학회 공로상(영문지 SSCI 등재)
- 2008.01 성균관대학교 경영전문대학원 BK 21 글로벌 비즈니스 리더양성 사업단 "Best Case Award"
- 2000.05 부경대 인문사회과학부문 학술상

■ 주요 저서 및 논문

▶ 주요 저서
- 글로벌 무역통상의 이해(2022년)
- 생각의 바다·바다의 생각(2021년)
- 해양시대의 보고: 섬(2016년)
- Greening Global Logistics(2014년)
- 해상보험론(2013년)
- 녹색무역의 이해(2012년)
- (인코텀즈 2010) 무역계약의 이해(2011년)
- 국제물류의 이해(2011년)
- 무역계약의 이해(2011년)
- 해상보험(2008년)
- 글로벌무역의 이해(2007년)
- Global Business English 글로벌 비즈니스 무역영어(2005년)
- 국제항공운송의 이해(2005년)
- 무역실무(2005년)
- 국제물류의 이해와 사례(2005년)
- 글로벌 전자물류(2004년)
- e-로지스틱스의 이해(2003년)
- 물류관리의 이해 (2003년)
- 무역실무-온 앤 오프라인 무역(2003년)
- 해상보험의 이해(2003년)
- 국제무역의 이해(2003년)
- 해양과학(2002년)
- 관세와 통관(2002년)
- 물류관련법규(2002년)
- 무역영어(2001년)
- 글로벌 운송물류론(2001년)
- 무역학개론(2001년)
- 무역관계법규(2000년)
- 무역계약론(2000년)
- 무역결제론(2000년)
- 국제통상영어(1999년)
- 국제상무론(1999년)
- 운송물류론-인터넷, 사례중심(1998년)
- 국제해운론(1997년)
- 무역학원론(1992년)
- 무역학요론(1986년) 외

▶ 주요 역서
- 비즈니스 스쿨에서 배울 수 없는 세계 최첨단 경영학(2016년)
- 남중국해: 아시아의 패권 투쟁(2016년)
- 비즈니스 윤리(2016년)
- 원전은 결코 저렴하지 않다: 원전 비용의 진실(2015년)
- 글로벌시대의 전략적 협상－이론과 방법(2015년)
- 농업과 인간 식과 농의 미래를 생각한다(2015년)
- 글로벌경쟁 유교경영으로 뛰어 넘어라(2012년)
- 탄소배출권: 거래와 시장(2011년)
- 녹색공급사슬의 설계와 구축(2011년)
- 전략물류(2010년)
- 물류관리론(2009년)
- 앙케트조사와 통계해석(2008년)
- 영문 계약서 작성의 키포인트(2007년)
- 영문 비즈니스레터 & E－메일 작성법(2005년)
- 영문국제계약(실무)(2004년)
- 영어로 경영하는 시대(2002년)
- IT혁명과 물류가 만났을 때(2000년)
- 전자결제시스템의 구조(2000년)
- 대공황의 세계(1998년)
- 국제수산자원(1995년)
- 서비스무역(1993년)
- 교통경제학(1988년)
- 국제경제사(1985년) 외

▶ 주요 논문

〈학위 논문〉

- 박사 학위 논문
"Participation of Developing Countries in World Shipping", Liverpool University, 1991.

- 석사 학위 논문
"편의치적제도와 관련한 한국외항해운정책에 관한 연구", 성균관대학교, 1982.

〈SSCI 논문〉

"Analysis of Factors for Korea's Export Companies to Respond to Trade Remedies: Mediation Effect of Fairness Perception",

Sustainability, (Vol.14, No.13), 2022. 공동

"Revisiting the Nexus of Trade Openness and Economic Growth: A Focus on the Moderating Role of Port Infrastructure", *Journal of Korea Trade* (Vol.26, No.2), 2022. 공동

"An Empirical Study on the Characteristic Influences of the Rules of Origin on the Implementation of Preferential Tariffs and Trade Performance", *Journal of Korea Trade* (Vol.25, No.8), 2022. 공동

"Arbitrator Acceptability in International Maritime Arbitration: The Perspective of Korean Shipping Companies", *Journal of Korea Trade* (Vol.24, No.5), 2020. 공동

"Multicriteria Analysis of Decision−making by International Commercial Banks for Providing Shipping Loans", *Maritime Policy & Management* (Vol.45, No.7), 2018. 공동

"Empirical Analysis of How Risk Management by Korea's Exporting Companies Affects Export Performance", *Journal of Korea Trade* (Vol.21, No.4), 2017. 공동

"A Delphi Analysis on Green Performance Evaluation Indices for Ports in China", *Maritime Policy & Management* (Vol.44, No.5), 2017. 공동

"Can Korea Provide a Pollution Haven for China?: A Theoretical Approach to Identify the Pollution Haven Hypothesis", *Journal of Korea Trade* (Vol.19, No.1), 2015. 공동

"The Relationship between Organizational Culture, Absorptive Capacity, and Performance of Korea's International Logistics Service Providers: Verification of the Mediation Effect", *Journal of Korea Trade* (Vol.17, No.3), 2013. 공동

"An Integrative View on Cyber Threat to Global Supply Chain Management Systems", *Journal of Korea Trade* (Vol.15, No.3), 2011. 공동

"Multimodal Transport and Land Bridges in the Global Supply Chain", *Journal of Korea Trade* (Vol.12, No.2), 2008. 공동

"Korea's Fisheries and Government Financial Transfers", *Marine Policy* (Vol.23, No.6), 2002. 공동

"A Plan for Cooperation in Transport between South and North Korea", *Transport Reviews* (Vol.16, No.3), 1996. 공동

〈KCI 논문〉

"중국 명성조 시대 정화하서양의 해상무역 네트워크 구축에 관한 연구", 해양비즈니스, 52호, 2022. 공동

"기업의 사회적 책임에 대한 유가사상 적용 연구", 무역경영연구, 27호, 2022. 공동

"신 수산통상규범하 한－미 수산정책 비교 연구", 해양비즈니스, 48호, 2021. 공동

"크루즈선사와 선원의 해양 안전문화에 관한 연구", 해양비즈니스, 47호, 2020. 공동

"중계무역에서 양도신용장의 해상보험서류에 의한 양도정보 노출 위험에 대한 연구", 무역상무연구, 83권, 2019. 공동

"식품수출기업의 SCM과 CSR이 식품안전에 미치는 영향에 관한 연구", 무역학회지, 44권 2호, 2019. 공동

"선박포트폴리오 위험관리를 위한 VaR 도입 연구", 해양비즈니스, 39호, 2018. 공동

"A Study on the Product－Specific Rules of Fisheries Sector in Korea's FTAs", 무역상무연구, 80권, 2017. 공동

"일본 이마바리 조선과 에히메 이마바리 선주에 관한 사례 연구", 해양비즈니스, 38호, 2017. 공동

"FTA 원산지결정기준의 엄격성지수에 관한 연구: 수산물을 중심으로", 무역학회지, 42권 6호, 2017. 공동

"우리나라 주요 FTA협정의 수산물 원산지 규정에 관한 비교 연구 － 한·미 및 유럽권 협정을 중심으로", 무역학회지, 41권 5호, 2016. 공동

"신기후체제의 출범과 중국항만의 온실가스 규제에 관한 연구", 한국항만경제학회지, 32권 2호, 2016. 공동

"국제물류의 공급사슬 위험관리에 관한 연구", 무역학회지, 40권 1호, 2015. 공동

"해상운송에 있어서 해사조직의 안전문화 확립 방안에 관한 연구", 해양비즈니스 30호, 2015. 공동

"IMO 공식안전성평가(FSA)를 활용한 해운부문 환경성 제고에 관한 연구", 29호, 해양비즈니스, 2014. 공동

"물류기업의 조직문화가 흡수 능력에 미치는 영향에 관한 연구", 무역학회지, 37권 4호, 2012. 공동

"영국철도운송 특성 및 시사점 － 벌크화물운송과 복합운송을 중심으로", 로지스틱스연구, 20권 1호, 2012. 공동

"WTO 체제하의 주요국의 수산물 수입관리제도에 관한 연구", 무역상무연구 13권, 2000. 공동

"전자식 선화증권 양도성 기능의 부여를 위한 시도와 문제점", 무역학회지, 25권 1호, 2000. 공동

"컨테이너 수송무역의 운임 결정요인과 실증분석", 한국해운학회지, 17호, 1992. 단독

"해운생산성에 관한 연구", 한국해운학회지 창간호, 1984, 단독 외 130여편.

〈일본어 발표 논문〉

"長距離路線運航の格安航空会社のビジネス. モデルに関する研究", 日本貿易学会年報, No.48, 2011. 공동

"輸出指向のベンチャー企業におけるやさしい環境システムに関する研究-韓国電子業の対EU輸出を中心に", 일본항만경제학회연보, No.47, 2009. 공동

"3PL 企業における組職学習のロジスティクスサービスへの影響に関する実証研究", 유통물류연구(일본 나카무라 가쿠엔 대학), Vol.8, No.2, 2009. 공동

"海上運送における船内組織の安全文化に関する研究", 일본항만경제연구, 48호, 2009. 공동

"宅配便企業の物流プロセスの革新のためのRFIDの導入に関する事例研究", 일본무역학회 연보, 2008. 공동

"開発途上国の海運に対する基底認識に関する批判的考察", 日本海運経済学会誌, No.26, 1992. 단독 외 다수.

〈중국어 발표 논문〉

"邮政快递服务质量要素与品牌忠诚研究", 商业研究, No.415, 2011. 공동

"快递服务顾客感知质量与再使用意愿关系研究", 兰州学刊, No.204, 2010. 공동 외.

차 례

해향
박명섭 선생과
더불어

01~29
/
후기

01

돌아보면 보이는 소중한 것들

차상호

　앞만 보고 달려가다 가끔 지나온 발자취를 돌아볼 때 입가에 미소를 짓게 하는 시절이 있다. 박명섭 교수님은 가끔 이런 말씀을 하셨다. 한참 지나서 돌아보면 이 시기가 가장 좋은 시절일 것이라고. 그런 말씀을 하실 때는 미래가 불확실하고 고민만 많았던 그때가 좋을 리가 있겠냐고 생각했었지만, 역시 교수님 말씀이 맞았다. 20여 년 전 박 교수님과 함께했던 대학원 시절이 나에게는 화양연화의 때가 아닌가 한다. 젊고 패기만 있었지 철없었던 그 시절 박명섭 교수님은 나에게 은사이자 친구였고 또 멘토였다. 천둥벌거숭이와 같았던 나에게 삶의 방향과 비전을 보여주셨던 분이다. 시간과 공간은 상대적이라고 한다. 반백의 인생에서 27년 전이 꼭 몇 달 전 같이 느껴지는데 칠십 가까운 인생 역사를 가지신 박명섭 교수님은 그 시절이 며칠 전처럼 생각되시지는 않을까. 이제 응답하라 1996을 소환해 보고자 한다.

갱스터들의 등장

무역을 전공했던 내가 사회에 진출하기 직전, 대학 4년 동안 공부를 했지만, 전공에 대하여 자신이 없었고 채워지지 않은 무엇인가를 고민하던 그때 해상운송을 전공하신 박명섭 교수님께서 당시 국내에서는 연구가 활발히 되지 않았던 국제물류에 관해서 좀 더 공부해 볼 것을 제안하셨고, 그 제안은 풀리지 않았던 나의 미래에 대한 해답처럼 느껴졌다. 이런 진로에 대한 고민은 나뿐 만이 아니라 다른 동기들도 마찬가지였으리라. 이렇게 대학원 진학을 원했던 동기가 두 명 더 있었다. 그런데 공부를 계속하기로 결정한 동기들 모두 박명섭 교수님께 지도받기를 희망하는 것이었다. 나로서는 같은 분야를 전공하는 동기들이 많다는 것이 여간 든든한 것이 아니었다. 그렇게 우리 동기 세 명은 모두 박명섭 교수님의 제자가 되기로 하였다. 함께 수업을 받으러 다니던 학기 초, 어느 한 교수님이 갱스터처럼 우리가 붙어 다닌다고 말씀을 하셨고, 우린 그 말씀이 우리가 젊고 활기차 좋아 보인다는 말씀으로 생각했었다. 그런데 다른 교수님은 우리가 모두 같은 분야를 연구하는 것에 대해서 불쾌한 심기를 나타내셨고 심지어 또 다른 교수님으로부터는 연구 분야를 바꾸라는 말씀도 듣게 되었다.

사실 그해 본교 출신 신입 대학원생 모두가 박명섭 교수님을 지도교수로 정하였으니 학과 내 다른 교수님들은 서운하셨던 것이었다. 하지만 우리는 박명섭 교수님과 함께 연구하기를 원했고 교수님도 그런 우리 모두를 거두어 주셨다. 하지만 상대적으로 젊으셨던 박 교수님은 다른 노 교수님들의 질타와 시기, 압박을 받으셨으리라. 그래도 끝내 우리를 지켜 주셨고 우린 원하는 공부를 하게 되었다.

그렇게 우린 학교에서 갱스터들이 되었고 박명섭 교수님은 갱스터들의 두목이 되셨다.

비상소집과 녹두빈대떡

　　잔인한 오월이라고 했던가. 학원의 오월은 행사도 많았고 모임도 많았다. 오월의 어느 날 아침 전날의 모임으로 인한 숙취로 무거운 머리를 감싸고 어렵게 눈을 뜬 나는 시계를 보고 망했음을 알았다. 늦잠으로 박 교수님 수업에 못 들어간 것이다. 같이 수업을 들었던 동기들 말로는 수업은 일찍 마쳤고 교수님은 별말씀 없으셨다고 했다. 그렇게 안심하고 친구들과 교정에서 따스한 햇살을 즐기고 있던 그날 오후 삐삐가 울렸다. 번호는 '6525'. 박 교수님 연구실 번호다. 무거운 마음으로 교수님께 전화를 드렸다. 한 시간 후 후문에 두 동기와 함께 집합하라는 말씀이다. 후문에 기다리고 있으니 교수님의 차가 나타났다. 말없이 교수님의 차를 타고 행한 곳은 교수님 댁. 교수님은 차를 집 근처에 세워 두시고 신발을 바꿔 신으신 후 우리에게 따라오라고 하셨다.

　　우리가 영문도 모른 채 다다른 곳은 '황령산' 초입. 갑작스러운 오후 산행이 시작되었다. 숙취가 채 가시지도 않은 나는 발이 빠르신 교수님을 따라 산을 오르는 것이 여간 어려운 것이 아니었다. 어느덧 황령산 정상에 다다르고 옷은 땀으로 흠뻑 젖었고 입에서는 단내가 났다. 다리는 후들거렸지만 땀으로 술기운이 빠져나가서인지 머리는 엄청 맑아졌다. 그리고 정상에서 보는 부산 시내의 정경이 참 아름다웠다. 내려오는 발걸음은 훨씬 가벼웠고 마음은 뭔가 이룬 듯이 뿌듯했다. 오랜만의 산행은 몸도 마음도 훨씬 맑게 해 주었다. 산에서 내려와서 교수님은 교수님의 오랜 단골집으로 우리를 데리고 가 막걸리와 녹두빈대떡을 사 주셨다. 산행 후에 먹었던 그 막걸리의 시원함을 지금도 잊을 수가 없다.

그 이후로 난 교수님 수업을 단 한 번도 빠진 적이 없었고 박명섭 교수님과 우리는 가끔 황령산에 올랐다.

항상 연구실 책상에만 있던 나를 한번은 체육관으로 부르신 적이 있다. 배드민턴 채를 주시며 한번 치자고 하셨는데, 시시한 줄로만 알았던 배드민턴이 그렇게 힘든 운동인지 처음 알았다. 그 후로 배드민턴의 매력에 빠져 한동안 배드민턴 파트너로 교수님과 함께 운동을 했었다.

교수님은 연구실의 시든 화초 같았던 우리에게 기합과 같았던 산행으로, 또 배드민턴으로 눈높이를 맞춰 주셨고, 우리에게 학문적 지식뿐만 아니라 육체의 건강도 채워 주시고자 하신 것이다.

▶ 황령산에서(맨 뒤쪽이 필자, 오른쪽에서 두 번째가 박명섭 교수님)

도원결의

일 년간 일본 코베대학의 교환 교수로 가시기로 결정되었을 때 박 교수님은 제자 세 명 모두를 불러 일본에서 같이 공부하면 어떻겠냐고 물어보셨다. 물론 우리도 교수님을 따라 일본에서 공부하면 좋지만, 그 때 코베대학과는 교환학생 제도가 없었다. 교수님은 방법을 고민하시다 문부성 장학금 제도를 찾아내셨고 우리에게 제안하셨다. 우리는 모두 흔쾌히 그렇게 하기로 결정하였고 또 결의하였다. 그때부터 일본 유학 프로젝트가 시작되었다.

우리 동기 셋은 일본의 여러 대학에 지원하였다. 그러나 문부성 장학생은 그렇게 만만한 것이 아니었다. 우린 몇 번의 고배를 마셨고 차차 자신감도 잃어 갔다. 그러던 중 동기 한 명이 가고시마 대학으로부터 입학 허가를 받게 되었다. 그동안의 고생이 결실을 보는 것 같아 정말 기뻤지만 그 기쁨도 잠시, 나에게 현실이 닥쳐왔다. 나에게는 결국 일본의 어느 대학도 입학 허가서를 보내 주지 않았던 것이다. 일본에 가지 못한다면 대학원 2학년 졸업논문을 지도교수 없이 써야만 했다. 혼자서는 어려운 일일 뿐 아니라 다른 교수님들이 허락해 주시지 않을 것이 명확했다. 최악의 경우 지도교수를 바꿔야 하는 것이었다. 그렇다면 지금까지 준비해 왔던 논문의 주제도 바꿔야 했고 모든 것을 새롭게 시작해야만 했다. 더욱이 우리는 함께 일본으로 가기로 결의하지 않았나.

한쪽 문이 닫히면 다른 쪽 문이 열린다고 했던가, 마침 중국에서 유학 온 동기가 있었고 그 동기의 도움으로 중국의 길림대학에서 공부할 수 있는 길을 찾았다. 물론 자비다. 그러나 지금 생각해 보면 우리의 결의에서 시작된 것이지만 일 년 동안의 중국 길림대학에서의 경험은 내 인생에서 중요한 전환점이 되었고 나에게 큰 이력으로 남았다. 나머지 동기 한 명도 마침 학과의 조교 자리가 비어 조교로 일 년간 일하기로 되었다. 이렇게 우리의 결의는 각기 다른 방향이었지만 결국 이루어졌고 일 년 후 교수님과 우리는 다시 만나게 되었다.

종족 번식의 본능

나는 중국에서, 다른 동기는 일본에서 일 년 간 수학 후 한국으로 돌아왔다. 나머지 한 동기는 과 조교로 국내에서의 입지를 탄탄히 다져 놓았다. 일 년 후 만난 우리는 신의로 뭉쳐진 어벤저스 같았다. 박 교수님께서도 의리로 뭉쳐진 우리가 자랑스러웠으리라고 생각해 본다. 교수님께서는 국제통상포럼을 개최하셔서 우리를 강사로 부르기도 하셨고 일본의 학회지에 교수님과 공저자로 논문을 실어주시기도 하셨다. 또 여러 강사 자리를 알아봐 주시기도 하셔서 한 동기는 한동안 강의를 나가기도 하였다. 박 교수님은 우리 중 누구라도 교수님을 따라 교수의 길을 가기를 원하셨을 지도 모르겠다는 생각이 든다. 종족 번식의 본능이 아닐까. 그러나 내가 박사과정을 포기하고 취업을 결정했을 때 교수님은 흔쾌히 나의 취업을 위해서 여러 기업을 추천해 주셨고 취업 전까지 지낼 연구실도 마련해 주셨다. 이 또한 제자가 교수의 길로 가도록 인도하시고 싶으셨던 교수님의 마지막 회유책이었으리라.

삼 년의 짧은 시간이었지만 박 교수님은 조금이라도 더 본인의 지식을 제자들에게 가르쳐 주시려고 노력하셨고, 전공지식은 물론이고 육체적 건강도 어떻게 지켜 가야 하는지 깨우쳐 주셨다. 또 유학과 강의와 조교 등 여러 경험을 할 수 있게 이끌어 주심으로 나의 인생 여정을 풍부하게 해 주셨다. 어쩌면 교수님은 지식보다도 인생을 살아가는 방법을 알려주시려고 애쓰셨는지도 모르겠다.

▶ 국제통상포럼에서(왼쪽에서 두 번째가 필자, 오른쪽에서 두 번째가 박명섭 교
  수님)

  가능성과 불확실성으로 똘똘 뭉쳐 있던 이십 대 철없던 시절 은사
님으로 만나 때로는 친구로 때로는 아버지처럼 가르쳐 주시고 조언해
주시고 함께해 주셨던 교수님께 깊은 감사를 드리고 앞으로도 교수님
께 많은 보람과 영광이 있기를 기원드린다.

02
서울, 부산, 그리고 런던

김후상

군대를 전역하고 이제 막 경제학으로 전공 진입한 2017년 봄 학기, 저는 성균관대 명륜 캠퍼스 경영관 게시판에 붙은 모의 국제해사기구 International Maritime Organization, IMO 대회 포스터를 보게 되었습니다. 국제 기구 토의 형식을 본 딴 영어 토론 대회라는 점과 대상 수상팀에게 런 던에 위치한 IMO 본부 견학 기회를 준다는 것에 크게 흥미를 갖게 되 었습니다. 그렇게 대회 관련하여 여러 사람들에게 조언을 구하던 중, 경영학과 박명섭 교수님과 만날 기회를 갖게 되었습니다. 당시 해당 분 야에서 저명한 박명섭 교수님이셨기에 만나주시는 것 자체만으로도 큰 영광이었는데, 교수님은 흔쾌히 개별 면담을 수락해 주셨습니다.

국제기구라는 점과 토론 형식에 대한 것만 주지한 채, 해양 관련 분야에는 문외한이었던 저와 두 명의 팀원들에게 박명섭 교수님은 "선 박평형수"라는 주제를 추천하여 주셨고, 준비할 내용의 방향 등을 상세 히 지도 편달해 주셨습니다. 또한 교수님의 바쁜 일정에도 불구하고 대 회를 준비하는 내내 발표 내용과 형식적인 면에서도 더 나은 방향으로 나아갈 수 있도록 아낌없이 조언을 해 주셨습니다.

5월에 열린 온라인 1차 예선을 통과하고, 6월 30일 부산에서 치러지는 오프라인 결선이 며칠 남지 않았을 때, 교수님 연구실을 방문하여 여러 조언을 듣고 있었습니다. 당시 예선 통과자 대부분은 해양대학 학생들이었고, 심사위원들 역시 해당 분야에서 저명한 분들이었기에 상당히 긴장하고 있는 상태였습니다. 하지만 교수님께서는 "이 내용 관련해서는 대한민국에서 너희보다 잘 알고 있는 사람들은 없다. 심사위원들이든 다른 학생들이든 겁먹지 말고 연습한 대로 잘 발표해라."라고 격려해 주셨습니다. 단 한 마디의 말로 자신감을 불어넣어 주셨던 이 장면은 수년이 지난 지금도 여전히 생생하게 기억에 남아있습니다.

결선 전날, KTX를 타고 부산에 도착하여 해양수산연구원 기숙사에서 최종 연습을 한 뒤, 다음 날 아침 결선 장소였던 해양수산연구원 행정관으로 향했습니다. 총 11팀 중에서 저희 팀의 발표 순서는 두 번째였고, 팀원들 모두 맡은 역할에 따라 발표를 진행했습니다. 주내용 발표가 마무리된 뒤 이어진 심사위원들의 질의응답에서는 교수님께서 참고하라고 주신 논문들과 가르쳐 주셨던 내용 하에서 충분히 대답이 가능했습니다.

모든 팀들의 발표가 끝난 뒤 이어진 시상식에서는 특별상, 우수상, 대상(장관상) 순서로 발표되었습니다. 하지만 우수상까지 발표된 상황에서도 저희 팀 이름은 나오지 않았고 결국 "해양수산부 장관상, 대상, SEAKOREA"라는 발표와 함께 대미를 장식하게 되었습니다. 참고로 저희 팀 이름은 처음에 포세이돈이라고 지었으나, 교수님께서 심사위원들의 연령과 감성까지 고려해 SEAKOREA로 하라고 바꿔주셨습니다. 발표 주제와 내용, 팀 이름 그리고 수상 결과까지 모두 교수님의 지도 하에 이뤄낼 수 있었던 성과였습니다.

▶ 2017 모의 IMO 총회(2017 IMO 영어 경진대회) 대상 수상 기념사진

　　대회를 마무리하고 대상이라는 예상치 못했던 결과에 어안이 벙벙한 상태로 버스를 타고 부산역 KTX 정류장에 도착하였습니다. 정류장에서 교수님께 전화로 대상 소식을 전해드리자 교수님은 크게 웃으시며 "거봐, 내가 된다고 했잖아."라고 대답해 주셨습니다. 그렇게 대상 수상팀으로서 7월 중순에 저희는 런던 IMO 본부에 견학을 다녀올 수 있었고 그렇게 저의 2017년 여름은 제 인생에서 가장 잊을 수 없는 여름으로 장식되었습니다.

　　흔히 말하길 '교수'라는 직업에는 교육, 연구, 봉사라는 세 가지 역할이 있다고 합니다. 박명섭 교수님께서는 본인의 전문분야에서 연구하고 봉사하셨던 경험을 바탕으로 저와 팀원들을 지도해 주셨습니다. 다시 말해 교수라는 직업은 어떤 것인지, 저 세 가지 역할은 어떻게 수행하는 것인지를 몸소 보여주셨습니다. 이 경험을 계기로 저 역시 교수의 꿈을 갖게 되었고, 현재 해외 대학원The University of Texas at Austin에 진학하여 경제학 박사과정을 밟고 있습니다. 미숙한 학부생이었던 제게 큰 무대에서 수상하는 경험을 갖게 해주시고, 교수라는 꿈을 품게 해주신 박명섭 교수님께 감사드립니다. 훗날 저 역시 제 연구와 경험을 바탕으로 학생들의 능력을 극대화시켜 줄 수 있는 교수가 될 수 있길 소망합니다.

03
박명섭 교수님과의 소중한 인연

박현규

1996년 대학 동기인 승철이와 상호와 함께 대학원 국제통상물류학과에 입학을 하였다. 세 명 모두 박명섭 교수님을 지도 교수님으로 선정을 하였고, 대학원생실에서 함께 공부를 하게 되었다. 그 당시 왜 대학원 진학을 결심했는지 지금은 잘 기억이 나지 않는다. 취업에 대한 불안감 때문인지, 학부과정에서의 공부가 부족했었는지...

첫 번째 시련은 3명 모두 박명섭 교수님을 지도 교수님으로 하고 난 이후 스멀스멀 올라오기 시작했다. 우리 3명의 동기가 국제경영 수업 신청을 했는데, 대학원생을 한 명도 받지 못한 해당 교수님께서 일본어 원서를 한 권 주시면서 "너희 3명이 돌아가면서 매주 한 챕터씩 번역해서 발표해라"라고 하셨다. 우리에겐 청천벽력 같은 말씀이셨다. 당시 일본 만화와 애니매이션을 좋아하긴 했었지만, 일본어는 한마디도 모르는 3명이 큰일 났다는 눈빛을 서로 교환하며 올라오는 한숨을 참고 있는 모습이 역력했다. 지금이야 구글 번역기, 네이버번역기 등별 어려움 없이 일본어 원서를 번역하고 요약해서 쉬이 발표할 수 있겠으나, 그 당시 우리에겐 일본어 사전 한 권이 유일한 썩은 동아줄이었다.

세 명이 머리를 맞대고 며칠간 사전을 찾아가며 몇 페이지 번역을 해보았는데, 번역한 우리말이 도대체 무슨 말인지 완벽하게 이해가 되지 않았다. 3명이 서로 얼굴을 보며 담뱃불을 맞대고 있을 때, 머리 좋은 승철이가 좋은 아이디어를 하나를 던졌다. "일본어 잘하는 후배 ○○○을 불러내어 번역하자." 상호와 난 이보다 좋은 생각은 없을 거라 확신했다. 내 기억으로는 해운대에 살고 있던 후배가 저녁 무렵 택시를 타고 우리 대학원생실로 왔었던 것 같다.

아무튼 일본어 번역 일은 일사천리로 진행이 되었다. 후배는 원서를 읽고 바로 동시통역을 해주었고, 우리는 녹음기를 켰다. 녹음이 끝난 다음 우리가 할 일은 명백했다. 이어폰을 끼고 녹음한 카세트 테이프를 들으며 PC에 글자로 옮기기만 하면 되었다. 한 학기 내내 국제경제학 수업은 아름다운 후배의 도움으로 무사히 마무리되었다. 후배에게 밥은 열심히 사주었고, 이후 후배는 졸업 후 일본어 학원에 강사로 취업했다는 소식을 들었다.

두 번째 시련은 우리를 든든하게 지켜주시던 박명섭 교수님께서 97년도에 일본 코베대학의 교환교수로 1년간 가시기 전에 또다시 스멀스멀 올라오기 시작했다. 교수님도 철없던 우리 삼총사를 무척 걱정하셨던 것 같다. 1996년 가을쯤 나는 박명섭 교수님에게서 일본 가고시마대학 교환학생 권유를 받았다. 상호는 교수님이 안 계신 1년간 중국으로 어학연수를 간다고 했다. 승철이는 마땅히 대안이 없었던 것 같다. 나는 일본어를 잘하는 후배 덕분으로 일본어의 히라가나도 모르는 상황이었다. 그렇지만 새로운 환경에 도전하는 걸 겁내지 않았던 당시의 나는 기꺼이 도전할 만한 일이었다. 어떤 고생을 하든 1년간의 일본 생활을 통해 일본어도 배우고 일본 문화도 배울 수 있는 계기라고 생각하였고 새로운 것에 대한 도전이 두렵지 않았다.

　가고시마 대학은 기타큐슈의 가장 남쪽에 있는 대학이었고, 수산학부가 강했던 대학으로 기억한다. 나는 경제학부에 도전장을 내었다. 서류를 작성해서 박 교수님께 제출하고 나서 얼마 되지 않아 동기였던 승철이도 같은 대학의 교환학생으로 가고 싶다고 했고, 여차저차 둘 다 신청을 하게 되었다. 처음부터 가고시마 대학의 교환학생 모집인원이 1명이라 알고 있었지만, 혹시 둘 다 선정되면 좋겠다고 생각했었는데, 역시나 당시 강세였던 수산학부에 지원한 승철이만 일본을 가게 되었다. 그 당시 나의 복잡한 심경은 설명하기 힘들다. 이타성, 에고, 우정, 상실감 등 너무 많은 재료가 섞여 정체를 알 수 없는 짬뽕 같은 마음이었던 걸로 기억한다.

▶ 일본 시골 히타시의 재즈공연

승철이가 가고시마 대학에 가기 전, 상호가 중국에 어학연수를 가기 전, 우리 삼총사는 박 교수님 권유로 일본에 배낭여행을 가게 되었다. 승철이가 1년간 다닐 가고시마 대학도 가 볼 겸 겸사겸사 부산서 배를 타고 후쿠오카를 갔었다. 그 당시 일본에서 유학하시던 한국인 선배님도 만나서 일본 고구마 사케도 얻어 마시고, 한국에서 구입한 일본 레일패스 덕으로 비싼 여관 대신 가장 긴 구간의 열차를 타고 밤잠도 자고, 지금 기억으로는 기타큐슈 내 가장 오랫동안 탈 수 있는 기차의 탑승 시간은 4시간 정도였던 것 같다. 이동이 목적이 아니고 잠을 자기 위해 탔던 기차, 4시간 동안 잠도 자고 머리도 감곤 했었다. 지금의 나는 해외 출장을 가도 야간비행기는 절대 타지 않지만, 그 당시 우리의 젊음이 8할은 역할은 한 것 같다. 목적지였던 가고시마 대학에서 승철의 담당 교수님은 못 뵈었고 학교 식당에서 그 교수님의 제자를 잠깐 만나고 교정을 한 번 둘러보고 나왔다.

▶ 일본 쿤쵸우 술 도가

'97년 승철이는 일본, 상호는 중국에 가고 나는 혼자 남아 후배들과 수업을 들었다. 그 당시 학과 조교 임기가 1학기까지였고 2학기부터 새로운 조교를 임명해야 하는데, 학과에 남아있는 2학년이 나밖에 없어서 선택의 여지없이 결국 조교를 하게 되었다. 학과 조교 생활에서 가장 힘들었던 것은 조교 발령 초기 학교 행정부서에서 내가 만든 공문을 계속 수정 요청했던 일이었다. 담당 행정 직원이 혼자서 딸을 키운다는 사실은 나중에 알게 되어 나름 안타깝게 생각하게 되었지만, 남자 행정 직원이 내가 작성한 공문의 수정사항을 한번에 모두 알려주지 않고 하나씩 하나씩 알려주어서, 공문 서류 하나당 3~4번씩 행정실을 다시 찾아오게 최선을 다했던 것이다. '조교 길들이기' 아마 그 당시 문화였던 것 같다. 더운 여름 땡볕에 수백 번 다녔던 행정실 직원과는 나중에 매우 친해졌다. 지금 생각해 봐도 그 분이 그 당시 왜 그러셨는지 이해가 되진 않는다. 아마 지금은 그분의 손자 손녀들이 중학생쯤 될 것 같다.

일 년이란 시간이 지난 뒤 삼총사는 박 교수님과 재회하게 되었다. 학과 조교 근무기간이 1년이라 '98년 1학기에는 모두들 함께 할 시간이 많아졌다. 광안리 근처 대로변에 할리우드라는 맥줏집이 있었는데, 창밖으로 쭉 뻗은 대로가 시원시원하게 보이는 할리우드에서 가끔 4명이 모여 맥주를 마시며 많은 대화를 했다. 교수님과 자주 갔던 광안리 중국집도 추억의 장소로 자리 잡았다.

미래에 대한 불안감도 마음 맞는 좋은 사람들 덕분에 희석되었고, 힘들게 버텨온 IMF관리 기간도 끝날 즈음 삼총사는 모두 취업을 했다. 교수님을 포함해 아직 첫 직장을 계속 다니는 사람은 없다. 교수님은 성균관대학으로 이직하셨고, 나는 LG에서 경영 컨설팅 회사로, 승철이는 한국 중소기업의 중국 공장 근무에서 의류회사로, 상호는 무역회사를 다니다가 뉴질랜드로 이민 가서 카펜터로, 이제는 삼총사가 모두 함께 얼굴 보기는 하늘의 별 따기이지만, 그래도 마음속 깊은 곳에 소중한 추억으로 각인되어, 언제 만나더라도 반가운 존재가 되었다.

나의 대학원 생활에서의 시련이란 표현은 결국 기회라는 말과 추억이라는 말의 동격이며 내가 인생을 배우는 트리거 역할을 충분히 했다고 생각한다. 세상에 완벽하게 좋은 일도 없고, 완벽하게 나쁜 일도 없다. 열심히 살다 보면 다양한 기회가 만들어지고, 선택에 따라 길은 달라지지만 경험했던 모든 일들이 추억으로 쌓이는 것에는 변함이 없다.

20년이 훌쩍 넘은 기억이라 얼마나 정확한지 나도 자신이 없지만, 박 교수님 덕분으로 오랜만에 기억 회로에서 옛 기억들을 하나하나 꺼내어 보는 계기가 되었다. 모두들 건강하게 오랜 기간 좋은 추억들 계속 만들면서 살아가시길 바라면서...

04
가슴 먹먹해지는 추억 회고

오충헌

어느 날 오후 문득 나의 출신고인 경남고 동창 회원 명부를 보다가 교육기관 종사자 직군에서 고등학교 선배이자 부산 수산 대학교 은사이신 박명섭 교수님의 연락처를 발견하고 무작정 전화를 걸었다.

(뚜우~ 뚜우~)
"여보세요"
"저, 제자 오충헌입니다."
"오 그래. 너구나!"

바로 나를 알아보셨다. 이런저런 이야기를 나누고, 졸업 후 30년이 지났는데노 나의 대학교 때 일을 너무나 또렷이 기억하셔서 깜짝 놀랐었다. 그리고 최근 동향에 대해서 보고드린 후 교수님께서 하시는 말씀이 "그래 아직 전임은 안됐드나?"였다. 전임 지원을 계속하고 있고, 추천인조차 변변히 없는 나에게, 동향의 고등학교 선배이자 은사인 박명

섭 교수님께서 구수한 동향 사투리로 물어봐 주시는데 갑자기 가슴이
먹먹해지며 말을 잊지 못했다. 아마 나도 자신의 제자를 자기 자식 같
이 아껴 주는 은사를 갖고 있다는 생각을 그 한마디로 느낀 것 같다.

후에 추천서 부탁 등의 이유로 교수님을 찾아뵈었다. 세월이 무상
하게도 교수님 머리에 흰 눈이 수북이 쌓였지만, 교수님의 부산수산대
학교 재직 시 열정적 강의와 밝은 미소로 호탕하게 웃으시던 모습은
그대로인 것 같다. 당시 학부 때의 나의 모습을 다 기억하고 계셨다.
수많은 제자들이 있을 터인데…

후에 국제통상학과로 과명이 변경되었지만, 당시 무역학과에서 교
수님의 열정적이고 탁월한 강의는 과에서도 으뜸이었다. 특히 실질적
행동을 중시하시는 교수님의 가르침은 지금도 똑같은 것 같다.

솔직함과 허심탄회한 모습은 학과에 문제가 있을 때 운동장에서 학
생들을 불러서 막걸리 파티를 열며 학생들과 어울리는 모습에서 잘 볼
수 있었다. 무언의 행동 가르침이며 진정한 학생들과의 소통이며 격식
파괴였다. 학문적 발전에 가장 우선시 되는 상호 교류 네트워킹의 살아
있는 가르침 그 자체였다. 그 누구도 쉽게 시도하려는 생각을 가지기가
쉽지 않은 일이었다. 이후로는 '박명섭' 그 이름이 학생들에게는 존경의
표상이었다. 격식을 파괴하면서 오히려 격식의 존경을 받는 그는 진정
한 행동주의자다.

이것은 해양 실습선을 직접 타고 세계 항해를 한 사건에도 잘 나타
나 있다. 부산 수산대학교에는 항해 실습선이라고 해서 어로학과 학생
들은 이 실습선을 타고 일본, 싱가포르, 대만, 필리핀 등을 항해하며
실제로 어로 행위를 하며 실습을 한다. 무역학과 교수님으로 아무런 의
무 사항이 없는 박명섭 교수님이 승선하여 직접 2개월간 항해를 하셨
던 것이다. 실습선 승선은 어로과 학생들도 힘들어하는 3D Dirty,
Dangerous, Difficult 실습으로, 인기가 별로 없는 실습이었다. 그러나 박명

섭 교수님께서는 오늘날 경영학에서 가장 강조하는 현장과 실제 행동적 실무적 가르침을 몸소 보여주셨다. 그 후 수대 학생이면 누구나 해양실습선을 승선해서 어려움을 느껴봐야 한다는 생각을 학생들에게 심어 주셨고 실제로 이러한 실습선 승선이 뉴 트렌드로 붐이 일어났다.

박명섭 교수님은 누구보다 온화하면서 화합적 성품이며 합리적이고 의리 있고 담백한 '진짜 부산 싸나이'라고 할 수 있다. 엄청난 개성들을 가지고 계신 학과 교수님들의 화합을 이끌어 내시며 학과를 이끌어 내셨다. 지금은 옛날 옛적 추억 회고담으로 웃으며 이야기 할 수 있지만 당시에는 많은 사건 사고(?)들이 있었다. 이를 화합시키고 녹여 내는 교수님의 인품은 가히 귀감이었다고 할 수 있다. 이는 '바다 싸나이' 특유의 의뢰와 합리성 때문에 가능한 일이었다.

▶ 부산수산대 재직시절
　박명섭 교수님

오늘 교수님의 흰머리와 세월의 흔적을 마주하면서 대화하는 나에게 또다시 먹먹한 감정의 추억이 회상된다. 진정한 스승은 언제나 제자들의 위안이고 등불이다. 앞길을 밝혀주고 인도 해주는 교수님의 따뜻한 미소는 제자의 마음에 따뜻하고 무한한 감사의 마음을 샘솟게 한다. 지금 은 학생들을 가르치고 있는 입장에서 스승으로부터 이러한 감정을 느낄 수 있으리라고는 생각하지 못했다.

퇴임 후에노 식지 않는 교수님의 열정이 후학을 위한 진로, 지도 비즈니스와 왕성한 학회 활동 등을 하게 하는 것을 보고 다시 한번 저절로 머리가 숙여지면서, 응원을 하고 싶다.

교수님! 계속하여 영원히 저희 곁에서 지침이 되는 등불이 되어 주십시오 !!!

05
학문의 선배이자 동반자

한낙현

첫째, 첫 만남

1996년 12월 일본 와세다대학에서 박사학위를 취득한 후 귀국하여 계속 시간강사를 하고 있었습니다. 그러던 중 2001년 창원대학교 조종주 교수님의 소개로 박명섭 교수님을 알게 되었습니다. 부산에서 박명섭 교수님을 처음 만나 소주를 한잔하면서 교수라는 직책에 대해 여러 가지 도움이 되는 말씀을 해 주셨습니다. 또한 첫 만남을 계기로 부산에 있는 대학, 즉 부경대학교뿐만 아니라 그 외의 대학교에 시간강사를 할 수 있는 기회를 주셨습니다.

이것이 박명섭 교수님을 알게 된 최초의 계기였습니다.

둘째, 학문의 선배

2003년 경남대학교 무역물류학과에 신임 교수로 채용되었는데, 채용되는 과정에서 학문의 선배이신 박명섭 교수님께서 많은 도움을 주셨습니다. 서울에서 몸소 경남 마산까지 오시어, 그 당시 경남대학교 무역학과 교수님들을 만나 '한 박사를 잘 부탁한다'는 말을 전하는 것을 보고, 앞으로 이 분을 학문의 선배로서 잘 모셔야 한다는 것을 느끼는 계기가 되었습니다.

셋째, 학문의 동반자

2003년부터 경남대학교 교수로 재직하면서, 여러 가지 학문적인 분야에서 도움을 받거나 드리기도 했습니다. 논문의 경우 공저로 하여 다수의 논문을 발표했으며, 또한 다수의 저·역서를 출간했습니다. 학회 활동의 경우, 특히 박 교수님께서 한국해양비즈니스학회를 창단하였을 때 교수님이 초대회장으로 되시면서 저도 창단 멤버에 포함되었습니다. 그 후 한국무역경영학회를 창단하시어 초대회장으로 재임할 때도 저를 부회장으로 임명해 주시기도 했습니다. 두 학회 모두 현재 한국연구재단 등재지에 등록되어 있어 후배 교수·연구자들이 논문을 투고할수 있는 길을 개척함에 있어 지대한 노력을 하셨습니다.

또한 한국무역학회 회장으로 취임하면서 우리나라 무역의 학문적 발전에 있어서도 지대한 공헌을 하셨습니다. 일본무역학회, 일본항만학회 때도 박 교수님과 제가 공동발표로 논문을 다수 발표한 적도 있습니다. 일본 학회에 갈 때마다 물심양면으로 많은 도움을 주셨습니다. 일본에서의 학회가 끝나면 술자리를 같이 하면서 교수라는 직업에 대해 유익하고 도움이 되는 많은 말을 해 주셨습니다.

2016년에는 양산발전연구원을 개원하여 경남뿐만 아니라 양산지역의 발전을 위해 다양한 분야에서 연구회, 심포지엄을 개최하기도 하셨습니다.

▶ 2016년 (사)양산발전연구원 워크숍 기념사진

▶ 2018년 추계 한일국제공동 세미나 기념 사진

넷째, 퇴직 후

2022년에 정년을 맞이하신 교수님은 벌써 제2의 인생을 보내시고 있습니다. 유튜브 채널 개설, 교육컨설팅 사업 등 여전히 부지런하게 활동하시고 있는 중입니다. 그렇지만 후배의 마음으로는 새로운 "도전"
을 하시는 것도 좋지만, 그동안 계속 달려오셨던 만큼 충분한 여가시간
도 가지시면서 "소확행"도 만끽하시길 바라겠습니다.

항상 건승하시고 행복하시길 바라겠습니다.

저 자신도 2023년 8월에 경남대학교에서 정년퇴직을 맞이합니다만,
앞으로는 교수님께서 퇴직하신 후의 모습을 답습하면서 하루하루를 보
내려고 합니다.

06

侍と家臣

권도세

風は吹けども山[1]は動かず。
(바람이 불어도 산은 움직이지 않는다.)

일본 말에 '산은 함부로 움직이지 않는다'는 유명한 한 구절이 있습니다. 토요토미가 일본日本 전국시대戰國時代를 칼刀로 통일하기 이전부터 무가武家들의 일상과 전국시대戰國時代를 함께 해온 말입니다.

전국시대戰國時代 무가武家들에 있어 산(야마)이란, 3개 면町 또는 그이상의 영토에 걸쳐 제일 높은 곳을 차지하여 그곳에 진지를 치고 전투에 대비하거나 성城을 짓고 농토와 마을을 지키며 전투를 치르곤 하였던 매우 중요한 전략적 요충지였던 것입니다. 일본의 전국시대戰國時代는 장기로 치면 궁을 잡으면 그 싸움 전부를 이기는 전투戰鬪였기에 진을 치고 자리를 잡는 것은 그만큼 중요한 것이었습니다.

---

1) 山 : 일본어로 음독 : さん(산), 훈독 : やま(야마)

일본의 전국시대戰國時代에서 山(야마)는 절대로 움직이지 않고 참고, 인내하고, 살피고, 포용하고, 이해하는 상징적인 용어였던 것입니다.

사무라이侍들에게 있어 '야마가 움직인다'는 말은 적을 상대로 '목숨을 걸고' 끝장을 보는 싸움의 개시開始를 의미합니다. (이후, 이 말은 한국에 상륙하여 화나거나 이성을 잃을 정도로 분노할 때를 표현하며 '야마가 돈다'로 흔히 사용됨.)

오다 노부나가의 가신家臣 중 토요토미는 전국을 통일한 이후 무도武道에서 다도茶道로 통치 스타일을 바꾸어 나갔고 야마를 움직이지 않고도 무인武人들의 무정無情한 마음을 모아 천하天下를 통치하고 조선과 명나라까지 정벌을 시도할 정도로 그 시대 사람들의 마음과 힘을 응집 응축하였습니다. 다도茶道란 칼을 사용하지 않고 산을 움직이지 않고도 사람의 마음을 움직이는 도였고, 다실茶室의 크기도 다다미 3~4장 정도로 서로 마주 앉아 있으면, 상대방의 숨소리와 동공의 움직임까지 듣고 볼 수 있는 곳이었습니다.

인문사회과학을 하는 학도들에게 있어 박명섭 교수님은 이와 같은 산山이고 그러한 야마에 진을 치고 있는 제자들은 가신家臣들과도 같습니다. 서로 힘을 모아 이 시대時代를 헤쳐 나아가야 할 때입니다.

서로 자주 만나 허심탄회하게 차茶 한 잔 나누며 서로의 힘을 모으고 응집 응축하는 지혜가 필요할 때입니다.

'산은 산이요 물은 물이로다'가 아닌 '산山과 물水, 펜pen과 도道가 일체一體'인 그러한 한국의 new新 사무라이들을 바라며.

▶ 2011년 동일본대지진 당시 교수님과 대학원 학생들이 일본 오사카에
지전 가서 구호물품전달(당시 지진피해지역은 전기, 통신 누설로 뉴스
와 각종 안내 정보전달이 어려울 때 시급한 통신수단이 필요하였기에
이에 급히 성균관대학교 대학원 무역학과에서 십시일반 구호성금을 모
금하여 단파 라디오를 전달하는 활동을 폄)

▶ 구호품으로 전달한 라디오

07

인생의 터닝 포인트를
만들어 주신 참 스승

김경우

내 꿈을 남에게 물어보고 인생을 다른 사람의 길에 기대어 살 것인가? 배움을 더 이어가야겠다는 많은 고민이 있던 2009년 3월, 해향 박명섭 선생님을 만났습니다.

키가 크시고 인자하신 선생님의 첫인상은 아직도 기억에 생생합니다. 첫 만남에서 선생님과의 대화를 통해 살아오신 인생 경험과 교육관 등을 들으면서 선생님의 가르침을 받으면 내가 해왔던 고민들이 다 해결될 수 있겠다는 확신을 얻었습니다.

많은 고민들이 말끔히 정리되고, 목표가 다시 생기고, 한번 해보겠다는 열정이 되 살아났습니다. 신생님과의 만남 이후로 책도 열심히 보면서 미루어 왔던 공부도 해서 이듬해 2010년 성균관대학교 일반대학원에 무역학과 국제통상·물류전공으로 진학하게 되었습니다. 이때부터 선생님의 아낌없는 지도를 몸소 느끼게 되었습니다. 다른 학교 석사과정 때 지도해 주신 선생님과는 다른 가르침이었습니다. 입학 후 1학기 때부터 컨테이너선을 타는 실습으로 현장 경험을 쌓게 했고, 국내외 학술단체와 토론회 개최 및 참석, 국외 대학에서 교환 연구원 등 학생들이 원하는 맞춤형 교육을 해 주셨습니다. 처음 접해보는 많은 부분들이 있었지만, 제가 해보고 싶은 것을 할 수 있어 더 재미가 있었습니다. 이러한 경험들이 있었기에 현재의 제가 있고, 인생을 멋지게 살아가는 원동력이 되고 있습니다. 또한 영국, 일본과 중국 등 많은 글로벌 대학들과의 학술교류를 통해 더 많은 새로운 지식과 현장과 괴리되지 않는 지식을 갖출 수 있게 해 주셨고, 또한 글로벌 국가들의 우수한 선생님들과 정보 공유와 문화를 체험함으로써 해당 국가들에 대한 관심과 두려움을 없애는 계기가 되었습니다.

2016년 8월, 부산 북항을 출발해서 선생님과 함께 컨테이너 정기 상선을 타고 배 안에서 선원들과 똑같은 생활을 하면서 2일간 항해하여 일본 도쿄항까지 직접 컨테이너선 현장체험을 하면서 배의 구조와 선원들의 생활, 컨테이너 화물의 적재와 하역, 운송 방식을 피부로 느낄 수 있었습니다. 선원들의 노고와 애환으로 우리나라의 수출입이 원활하게 되고 있다는 사실을 다시 한번 알게 되었고, 선원들의 고마움을 잊지 않을 수 있게 되었습니다. 아무나 들어갈 수 없는 선박의 핵심인 브리지bridge에도 가서 선장에게서 선박의 운항에 대한 자세한 설명과 배가 자동으로 운항되는 것도 볼 수 있었습니다. 이러한 경험은 선생님의 지도가 없었다면 해보지 못하는 경험들이었습니다. 선생님은 선원들에 대한 관심도 많으셔서 국회에서 선원과 관련된 토론회도 개최하였는데 선원들의 생활이 열악하고 힘들어 현재 한국 선원들의 비중은 점차 줄어들고 있고 외국인 선원들이 그 자리를 채우고 있다는 사실과 외국인 선원마저도 부족한 실정으로 선원 수급에 영향을 미쳐 국제물류 등 해상운송에 많은 차질이 생길 수 있음을 지적하시면서 우수한 선원 양성에 더 많은 정책적인 노력을 기울여야 된다는 과제를 만들어

내셨습니다.

컨테이너선 승선은 선원들의 어려움을 몸소 체험해 보는 아주 중요한 시간이었습니다. 그리고 출발하는 날부터 태풍이 소식이 있었는데 실제 배를 타고 일본 동쪽의 태평양 해안을 지날 때는 산만한 파도가 컨테이너를 덮치고 있었고 사람들이 서 있지도 못할 정도로 배가 흔들려서 잠을 잘 때는 침대에서 떨어지기도 하였는데, 정말 긴 시간 동안 배가 너무 심하게 흔들려서 배가 침몰하지는 않을까 하는 걱정도 하였지만, 다음날 무사히 도쿄항에 도착해서 하선을 하고 의미 있는 컨테이너선 승선체험을 할 수 있었습니다. 이것 또한 선생님의 창조적인 아이디어에서 비롯된 것입니다. 일반인으로서는 해보기 힘든 아주 소중한 체험을 한 것입니다.

선생님은 제자들 한 사람 한 사람에게 관심과 애정을 쏟아주셨습니다. 연구할 때는 물론이거니와, 학위를 취득하고 난 후에도 제자들의 진로를 걱정하면서 제자들의 앞날을 위해 다양한 방안들을 마련해 주시는 분이셨습니다. 제자들의 적성을 잘 파악하여 대학교수나 국책연구원 등으로 갈 수 있게 지원과 노력을 아끼지 않은 덕택으로 많은 제자들이 대학교수나 국책 연구원 등으로 진출해서 국익에 보탬을 주는 인재로 활동하고 있습니다. 과연 이런 스승이 있을까 하는 생각을 많이 가지게 합니다.

저의 고향은 경남 양산이어서 선생님과 자주 양산의 발전방안에 대해 격식이 없는 많은 토론을 하였습니다. 이러한 과정에서 설립된 양산의 연구기관이 사단법인 양산발전연구원입니다. 양산발전연구원은 2016년 5월 12일 「민법」 제32조 및 「행정자치부 및 그 소속 청 소관 비영리법인 설립 감독에 관한 규칙」 제4조에 의거 설립된 법인으로 같은 해 5월 26일 법인등기를 마친 학술연구기관으로 현재 선생님의 제자들 대부분이 연구원으로 소속되어 있으며 양산발전에 필요한 학술연

▶ 정박중인 소형선들

구와 심포지엄을 가질 수 있도록 시스템화되어 있는 연구원으로 양산의 미래발전의 싱크탱크 역할을 톡톡히 수행하는 등 지역사회에서 많은 역할을 해내고 있습니다. 양산발전연구원도 순전히 선생님의 아이디어와 추진력으로 설립된 기관입니다. 설립에 어려움이 있었지만 초대 이사장을 맡아 주셨고 양산발전을 위한 토론회 개최와 국내외 연구기관과 협력하여 학술대회 개최 등 양산의 미래발전을 위한 정책대안들을 제시하고 있습니다.

2014년 선생님께서 사단법인 한국무역학회 제34대 회장 재임 시에는 선생님의 모든 역량을 무역학회에 집중하셨는데, 해외 세미나와 40주년 메타분석 논문집 발간 등 한국무역학회 역사상 가장 활발한 활동을 하였던 시기였습니다. 어느 누구도 시도해 보려고 하지 않았던 한국무역학회 40년 동안 발표된 논문을 메타분석한 것은 역사적인 일이었습니다.

그리고 선생님께서는 한국무역경영학회, 한국해양비지니스 학회 등 여러 개의 학회를 설립하여 국가에 보탬이 될 수 있는 많은 연구를 할 수 있는 토대를 만드셨고 특히 한국해양비지니스 학회는 한국연구재단에 등재까지 되면서 우수한 학회로 발전해가고 있습니다. 선생님은 오로지 연구와 후학 양성에 몰두해오셨습니다. 이러한 선생님과의 만남은 저에게는 행운이었고 지금의 저를 지탱해 주고 있습니다. 앞으로 더 빛날 저의 인생을 만들어 주신 선생님 고맙습니다.

제 인생의 터닝 포인트를 만들어 주신 해향 박명섭 선생님께 깊은 감사를 드립니다.

▶ 한국해양통상무역연구원

08

해향 박명섭 교수님과 맺어진 인연

김성국

인류가 COVID19로 인해 몇 세기 만에 대격변의 시간을 3년간 보냈고 이제는 일상의 생활로 복귀하였다. 인간의 특성이 사회성이라는 것인데 지난 몇 년간의 생활은 함께 모여 살아가는 인간의 기본 속성인 사회성이 오히려 위험의 요소가 되어 버린 삶이었다. 나의 경우는 비교적 건강하시던 어머니와 아버지가 2021년과 2022년에 각각 돌아가셨다. COVID19 때문에 정부의 강력한 지침과 군집 금지가 지속되어 부모님 마지막 가시는 길 조차도 편히 보내드리지 못했다. 원양어선 선장이셨던 아버지와 경주 최씨 어머니께서는 항상 내가 하는 것을 응원해 주셨고 성균관대학교 대학원에서 박사학위를 취득한 것을 무척 기뻐하셨는데 손자와 손녀를 안겨드린 것만큼이나 좋아하셨다.

교육기관에 입학하는 것이 입학시험에 의하여 결정되는 것이기는 하나 대학원의 경우에는 지도교수가 존재하며 학생을 지도하겠다는 교수의 승낙이 없을 경우 박사학위 취득은 불가능한 이른바 도제식 교육이다. 우리나라의 경우 박사과정은 자신이 전공하는 분야에 대하여 지도교수가 열정적으로 학문을 전수하고 학생은 지도교수의 모습을 닮아 간다고 할 정도로 일체화되는 과정이 필요하다. 따라서 박사과정 희망 학생은 지도교수가 될 선생님의 전공을 확인하고 지도하여 주실 수 있는지에 대하여 문의하는 것이 필수적이다. 물론 선생님께서는 여러 가지 판단을 통해 학생을 받아들이는데 이후 학생의 잘잘못도 선생님의 명망에 관계되기 때문이다.

나의 지도교수인 박명섭 선생님은 2022년 여름에 거의 40여 년에 가까운 학자 생활을 성균관대학교에서 마무리 지으셨고 많은 제자들을 배출하셨다. 대학교수 생활을 20세기와 21세기에 걸쳐 하셨고, 근무하신 대학도 부산이라는 해양도시와 수도 서울에서, 그리고 국립대학과 사립대학을 오가셨기에 누구보다도 많은 학문적 인정과 부러움을 받는 분이셨다. 이러한 선생님께 학위를 받은 것은 고등학교 때부터 연결된 인연이라고 생각한다.

중고등학교 평준화 시대를 보내온 나는 시험 성적만으로 입학이 가능한 선생님이 졸업하신 경남고등학교를 진학할 수 없었고, 더 많은 인연에 의해 지역을 대표하는 구한말 설립된 조선인을 위한 동래고등학교에 배정되었다. 고등학교 졸업 당시 동창회장께서는 "명문고 시절 성적만으로 입학이 결정된 후배들 보다 여러 가지 인연으로 연결되어 졸업하게 되는 동문이 더 소중하다"라는 말씀을 하셨는데 이것이 나에게는 여러 형태로 선생님과 연결되었다는 것을 실감하게 되었다.

고등학교 시절 영어수업 부교재로는 『성문종합영어』를 사용하였는데 당시 우리 시대를 대표히는 베스트셀러였다. 고교 시절 선생님들께서는 수업내용을 강하게 압박하시기도 하였지만 항상 머리말을 꼭 읽어보라고 가르쳐 주셨는데, "Plough deep while sluggards sleep"라는 말과 학형(學兄)이라는 단어를 배웠다. 한국영어 교재의 베스트셀러인 성문종합영어의 저자 송성문은 "원고 작성에 귀중한 충고를 아끼지 않은 박근우 학형에게 심심한 사의를 표한다"라고 적었는데 나는 상당히 궁금했었다. 오늘날처럼 인터넷과 구글이 있는 시대가 아니다 보니 '도대체 한국 입시영어의 정상급 저자가 도움을 받았다고 하는 학형 박근우는 누구일까?'라는 생각을 멈출 수 없었는데 이분이 바로 박명섭 선생님의 부친이신 박근우 동의대학교 총장님이셨다는 것은 후일 알게 되었다.

고등학교 졸업 후 대학을 진학을 위해 고민할 때 당시만 해도 한국인의 해외여행이 제한되는 시절이라 해외로 진출할 수 있는 한국해양대학의 항해학과로 진로를 선택하였다. 진학을 해보니 수업의 대부분이 무역에 의해 파생된 해운이라는 것을 깨닫는 데는 많은 시간이 걸리지 않았다. 선박, 특히 상선을 운항하는 경우 대학원 과정에서는 해운학을 선택하게 되는데 학위과정이 올라가면 갈수록 무역학의 연계성을 넘어 무역학 공부의 다른 접근 방법으로 이해할 수밖에 없었다. 한국해양대학으로의 진학은 대학원 과정으로 연결되었는데 우리나라의 도제식 교육으로는 박사과정까지 그대로 진행된다는 것을 대학원을 다녀보시지 않은 아버지와 어머니께서는 모르셨다. 1960년대 우리나라 원양어선 개척 선단으로 해외 진출하셨던 아버지께서는 세계화 시대가 필연적이기에 해외로 진출할 수 있는 대학으로의 진학으로 한국해양대학을 권하셨는데 공부에 흥미를 느낀 나의 결정을 응원해 주셨다.

해운은 소수의 학문 분야이다 보니, 대학원 시절 보던 자료 중에서 『해양한국』이라는 저널과 '일본해운경제학회'의 논문에 등장하는 박명섭 연구자가 부산수산대학 무역학과에 재직하고 있는 교수님이라는 것은 후일 알게 되었다. 한국해양대학에 진학해 보니 박용섭 총장님이 내가 졸업한 동래고등학교를 졸업한 선배라는 것을 알게 되어 그 인연으로 인해 당시 출간용 도서의 원고 입력 작업을 하였다. 당시로서는 한글 워드프로세서가 처음 보급되고 있을 때였는데 『해상법(1994)』의 원고를 입력하였고, 한자 일색의 법률서를 한글화로 풀어쓴 최초의 법학 서적으로 유명하였다. 이 분과의 인연은 결국 박명섭 교수님과 같은 집 안사람으로 연결되는 고리가 되었다는 것을 후일 알게 되었다.

무역학의 공부가 법학과 경제학의 공부가 함께 포함되는 것과 같이 해운학의 공부는 법학으로 출발하게 되었고 박용섭 총장님의 후배인 이태우 교수님을 소개받게 되었다. 지금은 중국의 대학에서 교편을 잡고 계신 이태우 교수님은 영국 유학시절 가장 친한 절친으로서 부산수산대학 박명섭 교수님을 꼽았지만 나의 대학원 학적은 한국해양대학교를 벗어날 수 없었다. 이후 대학원 과정은 한국해양대학의 성장과정에서 대학원 학과가 분과되고 지도 교수의 소속이 변경되는 가운데 여러 가지 변화를 겪고서야 신한원 교수님의 지도를 받아 박사학위 과정을 마무리하게 되었다. 박사과정 지도 교

수님께서는 졸업하는 학생을 위해 여러 가지 방법으로 후견인을 고려하는 상황에서 논문 심사위원을 선정하게 되는데 당시 해운학 분야에서 사계의 평판이 높고 경남고등학교 후배인 박명섭 교수님을 선정하셨다. 1998년 12월 처음으로 언론과 논문을 통해 만났던 박명섭 교수님을 처음 뵙게 되었는데 훤칠한 키와 점잖음이 배어나는 심사위원으로 각인되었다.

▶ 박명섭 교수님

이후 2002년 부산 시청에서 공직생활을 시작하던 가운데 부산시의 자문 연구단으로 다시 박명섭 교수님을 모시게 되었고 얼마지않아 성균관대학교로 전직을 하셨다는 소식을 들었다. 당시 부산은 2002년 아시안게임 등 거대 국제 대회를 연달아 개최하면서 서울보다 주목받는

시기였고 얼마지않아 부산시장 선거에서도 낙선한 분이 국민의 선택을 받아 제16대 대통령이 되었는데, 해외 문물을 많이 접하신 교수님께서는 부산의 시대가 저물고 있다는 것을 직감하셨는지 나에게 2006년부터 성균관대학교 대학원 강의 출강의 기회를 열어 주셨다.

▶ 2009년 부산시 주최 정책토론회에서(제일 왼쪽이 박명섭 교수님)

　활동이 왕성하신 박명섭 교수님께서는 해양도시가 아닌 서울, 그 중에서도 성균관대학교로 옮겨 가시면서 한국해양비즈니스학회를 창립하셨고 해운론, 국제물류론 연구와 교육에 매진하셨다. 당시 부산시는 서울시 못지않게 정치적 활동이 왕성한 분이 활동하고 있었고 상당히 정치적으로 움직일 수밖에 없었는데 내가 소속된 시장 직속의 정책개발실 역시 자유롭지 못했다. 한국 정치사상 초유의 사태로 현직 안상영 부산시장이 수사 도중에 자살하는 극단적인 상황이 벌어졌고 연구를 왕성하게 해야 할 시기였던 나 또한 그 혼돈에서 자유로울 수 없었다. 40세가 되어 서울시청으로 이직하여 서울 생활을 시작했지만 천착하는

데는 어려움이 있었고 교수님의 배려로 지속적으로 성균관대학교에 출강을 하고 있었지만 생활의 어려움과 학교 교수직에 대한 미련이 많이 남아있었다.

이후 2012년 한국해양비즈니스학회가 일본에서 개최한 추계 학술대회에 참가했을 때 교수님께서 어렵게 말씀을 꺼내셨다. "김 선생, 나한테 와서 박사학위를 받아 가지 않겠나?" 내가 아는 범위에서 스승이 먼저 말씀을 꺼낸다는 것은 여러 가지 의미가 있을 것인데 그 의미를 일일이 말씀하시지 않으셨지만 평소 나의 사정을 아셨던 분이라 '여러 가지 어려움이 있는 가운데도 졸업한 모교가 그 역할이 없으니 혜량을 베푸시겠다는 의미'라고 생각하는 것은 무리가 없었다. 너무나도 감사하여 그 이후 박사과정을 처음 공부한다는 심정으로 무사히 학위 취득을 하게 되었다.

나로서는 박명섭 교수님과의 인연에 의해 성균관대학교 박사학위를 받게 되어 해당 분야의 전공으로 인정받았다는 성취감을 얻게 되었지만, 오히려 교수님을 근심하게 만들었다. 나와 같이 수학한 문하생 혹은 후배들조차도 어렵지 않게 교수님의 은덕으로 전국의 대학에 하나둘 전임교원으로 자리를 잡게 되었지만 나는 아직도 진행 중이다. 교수님조차도 "정년퇴임 전에 김 박사가 꼭 전임교수가 되어야 했었는데 그걸 보지 못했다"라고 안타까워하신 것에 대해 너무 죄송한 심정이었다. 나와의 인연을 매듭짓기 위해 안타까운 마음으로 박사학위 과정을 열어주셨는데 임용으로 마무리되는 것을 보여드리지 못하고 정년을 맞게 해드렸다. COVID19 기간 중에 놀아가신 우리 부모님께도 살아생전 보여드리지 못해 죄송할 따름으로 군사부일체라는 것을 소환하게 된다.

▶ 2017년 제주대학교 학회에서(왼쪽부터 박진우, 김성국, 허윤석, 박명섭 교수님, 박우, 박영현, 김태후)

　　나는 교수님께 아직 지키지 못한 약속이 있다. 2021년에 교수님의 수필집 『생각의 바다 · 바다의 생각』을 발간할 때 나와 김경우, 신수용, 윤재웅, 이승재, 허윤석, 홍란주, 박현혁 등 제자들이 십시일반으로 발간비를 지원해 드렸다. 이 당시에 교수님께서 집필하신 『국제해운론』의 개정 작업을 맡고 한국 해운론 강좌의 적통을 이어 받고 싶다고 하였으나 아직 대학 강좌를 개설할 위치에 미치지 아니한 상태로 있다. 나이가 들고 세월이 지나다 보니, 교수님과의 만남을 회상해 보니, 그때는 미처 내가 알지 못했던 교수님과의 인연으로 연결되었다는 것을 늦게나마 깨닫게 되었다. 나도 어느덧 길거리에서 소매 스치는 것조차도 타생지연他生之緣에 의해 깊은 인연이라는 것을 알게 되는 나이가 되었다. 근래 교수님의 건강이 안 좋으시다는 소식을 들어 더 늦기 전에 『국제해운론 개정판』을 마무리 지으려고 한다.

09

바다를 닮아가는 스승님, 건강과 행복을 기원합니다

김일광

저는 대학을 졸업하고 바로 취업을 하였습니다. 당시(1990년대 초반)는 대학원 진학을 하는 학생이 많지 않았고 우리나라 경제가 아직 성장기를 구가하던 시기라 학과사무실에는 기업들의 추천서가 수북이 쌓여 있었던 기억이 납니다. 저는 연봉을 많이 받을 수 있는 증권사에 입사하였고, IMF 경제 위기를 거친 후에는 은행 연구소에서 20여 년간 근무했습니다. 연구소에 근무하던 중에 공부와 학위에 대한 욕심과 필요를 느껴 경영 대학원을 다닌 후 2013년 늦은 나이에 성균관대 박사 과정에 입학하였습니다.

학부제가 시행되면서 무역학과는 오래전에 없어졌으나 다행히도 대학원에 무역학과가 있었으며, 입학 과정에서 교수님을 처음 뵙게 되었습니다. 교수님에 대한 첫인상은 대부분 비슷한 것 같습니다. 큰 키와 카리스마, 그리고 다소의 어려움... 교수님에 대해서는 사전에 많이 들어왔으나, 처음 뵈었을 때는 저 역시도 비슷한 느낌을 받았던 것으로 기억합니다.

당시 성대 박사과정에서는 주로 풀타임 학생을 선발하고 있었는데, 직장을 다니면서 학업을 해야 하는 저를 제자로 받아주신 것에 대해 감사히 여기고 있습니다. 회사 일과 학업을 병행하다 보니 학교는 수업만 겨우 출석하는 상황이었는데, 공부를 시작한 첫 달에 교수님으로부터 학교생활에 성실하지 못하다고 크게 혼이 났습니다. 지금도 너무나 기억이 생생한데, 이러한 꾸중은 처음이자 마지막이었던 것 같습니다. 회사 일을 마치고 수업을 듣는 것이 쉽지는 않았지만, 이 당시에 학교에 가면 젊은 시절로 돌아간 것 같고, 몸과 마음이 리프레시 되는 좋은 느낌을 많이 받았습니다. 교수님의 꾸지람 이후 열심히 학교 수업과 학과 행사 등에 참여하면서 박사과정을 무사히 수료하였고 비교적 빠른 시기에 학위를 받았습니다. 이 또한 교수님의 큰 배려가 있었음을 잘 알고 있습니다.

2013년 교수님과 인연을 맺은 후 중요한 의사결정 과정에서 항상 상의를 드리고 인생의 방향성을 조언받아 왔습니다. 교수님과는 기억에 남는 추억이 너무나 많습니다. 일본과 중국 학회 참석, 한국무역학회 등 여러 학회 참석과 주제 발표 등 교수님을 만나지 않았으면 인생에서 겪어보지 못했을 다양한 경험을 함께 했습니다. 특히 페리호를 타고 다녀온 일본 오사카 학회와 관련된 좋은 기억이 많이 남아 있습니다. 그 밖에도 다양한 술자리, 학교 뒷산과 청계천 산책 등을 하면서 인생에 대한 많은 이야기를 나누었습니다. 이 당시를 돌이켜 보면, 교수님이 주신 지혜를 제가 다 담아내지 못한 것이 항상 아쉬움으로 남아 있습니다.

제가 아는 교수님은 전공 분야인 물류와 통상은 물론 해양과 바다에도 진심과 통찰력을 가지신 전문가입니다. 또한, 일본과 미국의 정치와 경제, 역사에도 식견이 있으며, 이들 나라의 언어에도 탁월한 능력을 가지고 계십니다. 이에 더해 항상 노력하고 공부하는 모습은 제자들을 주눅 들게 하시는 것 같습니다. 학자로서 학문적 능력 외에도 전략적 사고와 기획력, 추진력을 높이 사고 싶습니다. 제 개인적인 생각으로는 기업에 계시거나 사업을 하셨으면 더 큰 성과를 거두지 않았을까 하는 생각도 해보게 됩니다. 무엇보다 학교나 전문 분야에서 교수님의 역량을 발휘할 기회가 적었던 점이 매우 아쉽다는 생각이 듭니다.

▶ 배그림

교수님은 수십 권의 저서와 수백 건의 논문 외에도 수많은 학자를 배출하는 등 무역 학계와 업계, 통상 분야의 발전에 오랜 기간 기여하고 계십니다. 특히, 제 기억에 남는 일화로는 신문 기고와 논문 작성,

실무자 면담 등 다양한 방법을 통해 일반대학원의 석사학위 논문 제출을 의무화한 '고등교육법 시행령 제44조'의 개정을 이끌어 낸 사례입니다. 이를 통해 외국인의 국내 대학원 입학의 어려움을 해결하였으며, 실제로 많은 유학생들을 대학원으로 유치하여 교육 서비스 분야 수출을 늘리는데 크게 기여하였습니다. 또한, 다양한 분야에서 남들이 생각하지 못하는 참신하고 의미 있는 연구 주제와 아이디어를 이끌어내는 탁월한 능력을 직접 여러 번 목격한 바 있습니다.

바다를 사랑하는 교수님은 바다의 모습을 점점 닮아가시는 것 같습니다. 평소에는 평온하다가 때로는 파도와 같은 추진력을 보이고, 깊은 내공(수심)을 가지고 주변의 모든 생명체를 보듬어 나가는 바다의 모습을 가지고 계십니다. 교수님과의 추억을 마무리하면서, 다시 한번 교수님의 열정과 가르침에 존경을 표합니다. 은퇴 후에도 행복하고 의미 있는 삶을 계속해 나가시기를 기원합니다.

저도 남은 인생을 교수님처럼 타인에게 선한 영향력을 미치고, 스스로 만족할 수 있도록 노력하기를 다짐해 봅니다. 늘 건강하시기 바랍니다.

10
슬기롭고 럭셔리한 은퇴 생활

김호일

　박 교수님 제자 중 아마 제가 교수님과 인연이 가장 짧을 것으로 생각됩니다. 2015년에 대학원 박사과정에 입학하였으니 햇수로 8년이 됩니다. 인연이 늦게 시작되었다는 생각에 박사과정 입학 후 교수님을 가능한 한 자주 뵙고 말씀을 많이 듣고자 했던 것 같습니다.

　교수님과 대화하면서 처음 떠오른 생각은 아마 다른 분들도 그러실 거라고 생각되지만, 교수님은 바다와 관련해서는 정말 다양한 분야에서 많은 경험을 하셨고 많은 고민을 하시는 분이라는 것이었습니다. 교수님은 '찐'으로 바다를 사랑하시고 많은 스토리를 가지고 계신 분으로 雅號(아호)가 海響(해향)인 이유를 바로 알 수 있었습니다. 두 번째 드는 느낌은 先覺(선각)의 智慧(지혜)를 가지고 계시고 특정 시점이나 사건에 대하여 각자가 해야 하고 또 할 수 있는 일들을 잘 설명해 주신다는 것이었습니다.

　교수님을 뵐 때마다 전공이신 무역, 물류와 관련된 국제무역과 통상문제에 대하여 탁월한 식견을 나누어 주셨고, 이외에도 해운업, 조선업, 수산업, 크루즈 산업, 선원 양성, 해양과 항만 오염, 친환경 선박, 바다의 지정학, 영국과 일본의 역사 등에 대하여도 많은 가르침을 주셨기에 이 글을 빌려 특별히 감사를 드립니다.

제가 한국무역보험공사라는 정책금융기관에 근무하기 때문에 우리나라 해운 산업과 조선산업에 대하여 다양한 말씀을 해주셨던 것 같습니다. 한진해운 부도 사태에 대한 분석과 비판을 공유해 주셨고, 또 우리나라 정책금융이 해운 산업과 조선산업의 균형 성장에 기여하는 역할을 하여야 한다는 지적도 해주셨습니다. 그 후로 우리 공사가 국적해운사에 대한 신조 금융 프로그램에 참여하여 다행스러운 일이라고 생각되었습니다.

또한, 4차 산업혁명이 해운업에 미치는 영향에 대한 전망과 준비하여야 할 점에 대하여도 말씀을 해주셨는데, 미래의 선박, 즉 자율운항선박에 대한 것이었습니다. 향후 해운업에서 해운 인력 활용의 문제, 해상 운항 시 선박의 안전 문제 등으로 인해 자율운항선박의 도입이 필연적이라는 말씀에 저도 동의하였습니다. 그러나 교수님의 생각은 자율운항을 위한 데이터의 축적과 IoT와 AI(인공지능)의 역량을 갖춘 스마트 선원의 교육과 육성에까지 미치고 있었습니다. 지난해 2022년 6월에 IBM의 무인 자율운항선박 MAS호가 무사히 대서양 횡단을 성공했다는 기사를 보고 교수님의 선각先覺처럼 이미 외국은 오래전부터 자율 운행의 데이터를 축적하고 있었다는 것을 새삼 알 수 있었습니다.

처음 박사과정에 입학했을 때, 교수님께서 저에게 하신 질문 중 하나는 "50살이라는 늦은 나이에 왜 힘든 공부를 하려고 하냐"는 것이었는데, 저의 대답은 아마 "어릴 때부터 공부를 좋아했고 박사학위를 따는 것이 제 꿈이었습니다. 그리고 가능하다면 지금의 공부가 퇴직 후 은퇴생활에서 다소간의 보탬이 되었으면 합니다."였던 것으로 기억합니다. 그 당시 나이가 들고 회사에서 직위가 올라가면서 조금씩 은퇴 후의 생활에 대한 계획을 준비해야겠다는 마음을 다지고 있었던 것 같습니다. 저에게는 은퇴 후의 계획이 마음의 부담이었고 그에 대한 대비는 나와 가족에 대한 책임감 같은 생각이 들었던 것 같습니다.

　　교수님은 저와 완전히 달랐습니다. 저는 '퇴직 후에 무슨 일을 하지?' 그리고 '할 일은 있을까?'라는 막연한 걱정과 불안을 느끼고 있었는데, 교수님은 너무 할 일이 많아 힘들다는 행복한 고민을 하고 계셨습니다. 기존의 무역경영학회와 해양비즈니스학회 활동도 계속 왕성하게 하시면서, 이미 "와글와글 세상TV"라는 유튜브 채널을 개설하셨고, 중구 소재 "부산 갈매기 밴드"를 만들어 지역사회에 기여할 방안을 고민하시고 계신 것을 보고 깜짝 놀랐습니다.

　　"와글와글 세상TV"를 보면 교수님의 바다에 대한 열정이 콘텐츠가 되고 선각의 지혜가 유튜브란 소통채널이라는 생각이 듭니다. "유튜브는 섬네일thumbnail이 제일 중요하다"라는 말씀에서 '이미 경지에 오르셨구나'라고 느꼈습니다. 그리고 "부산 갈매기 밴드"도 부산에 대한 사랑과 은퇴 후 지역사회 참여라는 선각에서 나온 아이디어라고 느꼈습니다. 은퇴 후에는 지역사회에 참여하여 새로운 네트워크를 만들어야 한다고 귀띔을 주셨습니다.

▶ 박명섭 교수님의 유튜브 홈화면 이미지

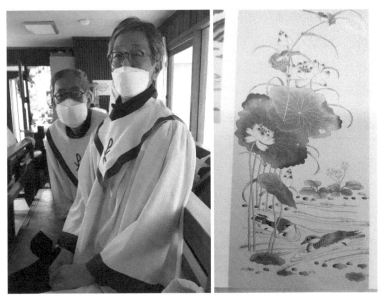

▶ 교수님의 성가대 활동   ▶ 교수님께서 은퇴 후 그리신 민화

　　교수님의 말씀을 들으면서, 저는 '나는 어떤 열정이 있으며 어떤 선각의 지혜를 가지고 있는가'를 고민하지 않을 수 없었습니다. 교수님과 같이 슬기로운 은퇴생활을 활기차게 하기 위해서 먼저 내가 가진 열정 콘텐츠와 세상에 대한 깨달음을 찾는 작업부터 차근차근 시작해야겠다는 생각입니다.

　　교수님의 슬기로운 은퇴생활을 자연스럽게 벤치마크하면서, 최근에 어떤 분이 보내준 글귀로 교수님의 학문적 가르침과 은퇴 후 생활에 대한 교훈에 감사드리고자 합니다.

　　"이어령의 마지막 수업" 중에 다음과 같은 글이 있습니다.

　　　"선생님, 럭셔리한 삶이 뭘까요?"
　　　"나는 소유로 럭셔리를 판단하지 않아. 가장 부유한 삶은 이야기가 있는 삶이라네, 스토리텔링을 얼마나 갖고 있느냐가 그 사람의 럭셔리지."

교수님의 바다에 대한 열정과 풍부한 스토리를 존경하며 슬기롭고 럭셔리한 은퇴생활을 응원합니다.

11
좋은 인연과의 아름다운 이야기

김희준

　길면 100년 남짓 살아가는 인생에서, 좋은 인연을 만나 이야기를 만들어나간다는 것은 축복이라 생각합니다. 돌이켜보면, 학창 시절의 준비가 대학시절을 위한 노력이었음을 생각할 수 있고 대학원 시절은 이후 사회로의 진출을 위한 단단한 발판이었다고 생각합니다. 살아보고 경험해 보지 못한 불투명한 미래를 준비하기 위하여, 좋은 교수님과 연구 선배 및 동기, 후배들을 만났던 경험들은 지금의 제가 있기까지 많은 원동력이었음을 다시금 느끼게 됩니다.

　2008년, 성균관대학교 대학원 무역학과에 처음으로 들어온 저는 논문도 연구 방법도 몰랐던 학부 학생과 같은 상태였습니다. 하지만 교수님으로부터 무역학과 연구실 생활을 제안받은 본인은 논문이라는 첫 만남을 시작할 수 있었으며 이후 공모전, 논문투고, 전공서적 출판 등 다양한 참여를 바탕으로 연구 능력을 키워 나갈 수 있었습니다. 일반 회사와 다를 바 없는 2년 동안의 연구실 생활은 저의 생각과 행동을 바꿔나갔으며, 연구자로서의 자질 함양에 많은 도움을 얻을 수 있었습

니다. 이러한 경험들은 지금까지도 저의 연구주제 발굴 및 연구능력을
키우는데 큰 영향을 미치고 있다고 생각합니다.

석사학위를 취득한 이후, 교수님께서는 곧바로 박사를 시작할 기회
를 주셨으나 아직 사회에서의 경력이 없던 저로서는 학업보다는 실무
에서의 경험을 쌓고자 했던 생각이 강했습니다. 성균관대학교에서의
연구활동을 뒤로하고 사회로의 진출을 통해 경력을 쌓아갔던 시기는
처음에는 많이 설레고 재미있던 시절이었습니다. 그러나 첫 경험의 설
렘도 점차 무뎌지고, 현실만이 남은 사회생활에서는 더 이상 스스로가
원하는 인생의 방향성을 찾을 수가 없었습니다.

돌이켜보면 설레고 재미있다고 생각했던 모든 것들은 석사과정 때
느꼈던 새로운 주제를 발견하고 이를 더 깊이 연구하려는 과거의 경험
에서 비롯된 것이라고 생각되었습니다. 그 이후부터 스스로 사회 환경
에서 직접 경험하는 것보다는, 지식을 바탕으로 간접적으로 많은 경험
을 하고 이를 분석하는 역할을 평생의 업으로 삼고 싶다는 느낌이 들
게 되었습니다.

인생의 반려자를 만나게 된 2012년, 저는 교수님께 축사를 요청드
리며 다시금 연구자로의 길로 돌아오라는 말씀을 듣게 되었습니다. 사
회에서는 그 누구도 해주지 못했던 이야기를, 그리고 누군가 해주길 바
랐던 이야기를 교수님께서 먼저 말씀해 주신 순간 '아! 해야겠다, 나는
지금 원래 내가 즐거워했던 것들을 모른 채 하며 살고 있구나'를 느끼
게 되었습니다. 이후 더 늦어지기 전에 박사과정을 시작할 수 있었으
며, 수년간의 노력, 교수님의 배려 등을 바탕으로 2021년 박사학위라는
좋은 결과를 얻을 수 있었습니다.

2008년부터 성균관대학교에서 시작된 저의 이야기는, 13년이라는
긴 시간을 돌고 돌아 좋은 최종 결실을 맛보게 되었습니다. 쉽지만은
않았습니다. 포기하고 싶을 때도 당연히 있었습니다. 하지만 스스로가

한번 느꼈던 아쉬웠던 기억, 그리고 교수님의 연구자가 되라는 말씀은 끝까지 학업을 마칠 수 있었던 원동력이자 저의 인생을 지금의 좋은 위치까지 끌고 오게 한 힘이었다고 생각합니다.

성균관대학교에 진학하고 배우며, 논문을 작성하는 순간순간마다 행복했다고는 할 수 없을 겁니다. 다만 희한하게도 그 시절이 지나면 그때의 행복했던, 그리고 힘들었던 순간이 지금을 버티게 해주는 원동력이 되었음을 부인할 수는 없습니다. 그리고 그 중심에는 대학원에서 연구에 매진하고 좋은 경험을 쌓을 수 있도록 도와주신 교수님의 큰 노력이 있었다는 사실을 다시금 느끼고 있습니다. 그리고 그 감사함에 조금이라도 보답하고자, 시간을 내어 교수님을 찾아뵙고 도움드리는 역할을 하고 있는 게 아닌가 생각합니다.

▶ 미명의 묵호항에 정박중인 어선

　오래 산 인생은 아니지만, 사람이 살아감에 있어서 주변 사람 몇 명과 끝까지 같이 간다는 것이 이토록 어려운 것인줄 몰랐습니다. 지금 역시도 나와 끈끈함을 맺고 있다 생각하는 사람조차 나중에 상황과 환경이 바뀌면 뒤돌아 설지 모를 일입니다. 하지만 다행스럽게도, 대학원에서의 만난 우리 인연만큼은 어린 시절의 아무런 대가 없이 웃으며 볼 수 있는 사람들이었지 않나 싶습니다. 각자의 위치에서 노력하여 성공한 우리들이야말로 성균관대학교 무역학과, 나아가 교수님의 제자였다는 자랑스러운 이야기를 할 수 있다고 생각합니다.

　앞으로도 학교에서의 배움과 교수님의 가르침을 이어 나아갈 수 있는 제자가 되려 합니다. 향후에 어떠한 위치에서 사회생활을 하고 있을지는 모르오나, 대학원에서의 배움을 활용하여 본인 그리고 다음 후배들에게 전달할 수 있는 역할을 하는 것이 저의 역할이라고 생각합니다. 교수님의 가르침에 다시 한번 감사드리며 큰 가르침을 이어갈 수 있는 역할을 하도록 노력하겠습니다. 감사합니다.

12
바다 사나이 울림이 메아리쳐 오다

나성수

　박명섭 교수 퇴임 기념 문집을 발간한다는 소식과 함께, 교수님과의 만남 및 에피소드를 담은 소소한 내용의 글 또한 부탁받았다. 생각해 보니 벌써 시간이 훌쩍 지나, 첫 만남의 그때가 이제 18년 전이라는 게 실감이 나지 않는다. 나와 교수님과의 인연은 지금도 이어지지만, 이제 와 또 돌아보니, 함께 한 시간은 짧다면 짧은 2년이라는 시간이 고작이다. 하지만 짧지만 굵다고나 할까. 나와 교수님과의 인연, 그리고 에피소드는 이야기를 하다 보면 끝이 없이 계속 나올 정도로 상당하다. 많은 분들이 교수님 밑에서 지도를 받았을 터이고, 제자들뿐 아니라 교수님을 알고 지내는 분은 더더욱 많으리라. 그 평가나 의견이나 경험 또한 천차만별일 터. 이 글은 짧다면 짧은 시간이었지만, 교수님과의 만남과 그 시간 속에서 느낀, 다른 사람이 아닌 내가 아는 박명섭 교수님을 이야기해 보고자 한다.

첫인상

교수님을 처음 만난 것은 성균관대학교 대학원 무역학과에 입학하여 학과 조교를 하면서부터로, 자고로 2004년으로 거슬러 올라간다. 처음 교수님을 만나 뵙고 받은 첫인상은 물론 큰 키가 첫 번째로 눈에 확 들어왔고, 두 번째는 구수한 경상남도 부산 사투리였다. 나는 전라남도 나주에서 태어나 아주 아기 때 산업단지가 있는 여천시로 부모님이 이사를 하여 그곳에서 고등학교까지 자랐다. 여천시는 바다와 바로 근접해 있고 이순신 장군이 묵고 사용했던 선소船所: 거북선을 만들었던 조선소가 집에서 아주 가까이 있어, 등산을 하러 동네 산에 갈 때면 항상 그곳을 지나치곤 했다. 이후 해양도시 여수시와 통합이 되어 최근에는 해양 엑스포도 개최를 하는 등 많이 발전하였다. 바다에서 자랐다는 점에

▶ 거북선과 일본의 안택선

서 뭔가가 통했을까(내가 태어났던 나주도 사실 바다와 매우 근접). 부산 사람들이 이야기를 하면 서로 싸우는 것처럼 보인다고 했던가. 이상하게도 나에게는 교수님의 부산 사투리가 참 정겹게 그리고 매력적으로 느껴졌다.

성균관대 무역학과의 존재 및 실체에 대해 눈을 뜸

성균관대학교 대학원 무역학과에 들어온 배경에는 그 당시 경제학부에 재직하고 가르치신 이대근 교수님 밑에서 대학원 지도를 받고자 함이었다. 학부제가 생긴 이후로 경제학부로 대학교에 입학을 한 나로서는, 그 이전에 존재했던 무역학과의 실체, 역사 및 배경에 대해 전혀 문외한일 수밖에 없었다. 박명섭 교수님이 그 당시 대학원 학과장을 맡으시게 되었고, 교수님과 함께 일하면서 성균관대학교 무역학과에 대해 자연스럽게 많은 것을 듣고 배우고 알게 되었다.

코드가 잘 맞아(?) 재미있게 조교 생활

박명섭 교수님이 학과장을 2004년에 시작하여 2006년까지 2년을 맡으셨다(이후 몇 번 더 하신 걸로 알고 있음). 내가 학과 조교를 2004년에 시작하여 2006년 졸업까지 했으니, 박명섭 교수님과 일을 쭉 같이 해 온 셈이 되었다. 교수님 덕분에 참 재미있게 조교 생활을 했던 걸로 아직도 기억이 생생하다. 첫째로, 교수님의 소탈한 면이나 성격 덕분에, 교수님과 이야기를 하거나 시간을 보내는 데 있어서 부담이 많이 없었고, 둘째로, 교수님과 이야기를 하면 재미도 있고, 내가 또 잘 듣고, 상황에 맞게 맞장구를 잘 쳐서 그런지는 모르겠으나, 교수님의 유머나 대화거리 및 함께 있는 시간이 참 좋았다는 느낌을 지울 수가 없다.

엄청난 추진력

그 당시 학과 조교로서 일도 참 많이 한 걸로 기억한다. 거기에는 박명섭 교수님의 화끈한 추진력이 분명 한몫을 한 것으로 보는 것이 맞다. 때와 모든 것이 잘 맞아떨어진 것일까. 박명섭 교수님이 이제 막 성균관대학교 교수로 부임을 한 때로 기억한다. 그리고 많은 동료 및 주변 학계 선후배로부터의 기대 또한 꽤나 컸을 것은 자명했다. 기억나는 세 가지 정도만 이야기를 하면 2004년인가 2005년에는 성균관대 무역학과 창립 30주년 기념 학술 세미나를 600주년 기념관에서, 학계에 계신 모교 출신 선후배를 초청하여 상당한 규모로 개최하였다. 내 현재 기억으로는 30주년 만에 처음으로 시도한 건으로 알고 있다. 둘째로, 여러 세미나를 정기적으로 개최하였다. 재직 중이셨던 모교 대학원 무역학과 교수님은 물론 학계, 연구소 및 산업에 종사하는 분들 또한 자주 초청하여 그러한 세미나를 개최하여 대학원 재원생들에게 많은 득이 되었다. 셋째로, 지금도 존속하고 있는지는 모르겠으나, 퇴계인문관 9층에 무역학과 연구실을 추가로 확보 및 시설을 완비하여 대학원생들에게 공간을 마련해 주었다. 이외에도 성균 무역발전 기금, 현장답사, 여러 과목 개설 등등 이야기할 것이 많으나 지면 관계상 이만 줄이도록 한다.

무역학과 사랑 모교 사랑

교수님은 무역학과에 대한 자부심과 사랑이 남달랐다. 그래서 이 많은 것들을 해낼 수 있었으리라 나는 보고 있다. 비록 학과가 사라졌지만, 그 당시 그나마 남아있는 대학원 무역학과에 생기를 조금이나마 더 불어넣고, 또 그 존재하는 명맥을 계속 이어나갈 길을 모색하는 데

많은 시간과 고민, 그리고 노력을 쏟으신 것으로 나는 기억한다. 그에 연장하여 정부나 여러 방면으로 연구 자금을 확보하여 재학생들이 연구 활동에 전념할 수 있도록 돕는 것은 물론, 성균관대학교 출신, 무역학과 출신 학계 종사자들이 자력으로 연구 결과를 만들어 내고 그것을 학회지에 실을 수 있도록 하기 위해서, 그 당시 학회도 설립하였다. 이 또한 모교 사랑의 연장선상으로 이어진다고 보는 것이 마땅하다. 성균관대학교가 더욱 발전하기 위해서는, 모교를 위해 뛰는 교수들의 공로를 좀 더 적극적으로 인지 및 포상하고, 그러한 인재를 더욱 잘 활용해야 하지 않을까.

바다사랑

나도 바닷가에서 자랐지만, 교수님의 바다 사랑 또한 특별했다. 바다와 해양 분야로의 연구가 상당히 존재하며, 잠재 가능성 및 중요성에 대해서도 교수님을 통해서나마 눈을 뜨게 되었다. 나 또한 받은 영감으

▶ 일본 하카다

로, 대학원 재학 당시 수업과정 중 시작하여 상당한 진전을 이룬 해양 산업 관련 연구물을 연구지에 성공적으로 게재할 수 있었고, 또 다른 연구자금을 통한 보고서에도 공동 저자로 이름을 실을 수 있었다.

맺음말

사진이 분명 어딘가에 있을 텐데, 여러 제약으로 인해 사진을 담지 못해 아쉽다. 박명섭 교수님의 정년퇴임을 진심으로 축하드린다. 멀리서나마, 그리고 이렇게나마 글을 통해, 교수님과의 인연과 추억을 다시금 되새길 수 있어서 감사드린다. 새로운 시작을 멋지게 하시길, 그리고 쉼을 마음껏 누리시길 기원드립니다. 항상 건강하십시오!

바다메아리

나성수

海響 박명섭
오 그대는 울림이있네
떠오르는 태양 머금은 그 불 그런 바다에 울리는 뱃고동처럼

海響 박명섭
오 그대는 울림이 있네
바윗돌에 말없이 쉴새없이 부딪히는 그 바다 파도처럼

海響 박명섭
오 그대는 울림이 있네
유유자적 큰 물 뿜는 거대하고 신비로운 흰돌고래(Beluga)처럼

海響 박명섭
오 그대는 메아리 치네
그저 바다처럼

13
불꽃같은 교수님

박세현

교수님을 처음 뵈었던 때가 벌써 7~8년 전으로 기억이 납니다. 무역현장 현업에서 일을 하고 있던 중 뭔가 모를 갈증을 느꼈고 학문적으로 더 전문성을 키우고 싶은 마음이 가득 찼던 시기에 교수님을 찾아뵈었고 그렇게 대학원 진학을 하면서 교수님과의 인연이 시작되었습니다.

이때 처음 뵌 교수님과 세월의 무게 속에 어느덧 퇴임을 하신 교수님을 떠올리면 언제나 제 기억 속엔 한결같이 불꽃같으신 분이었습니다. 불꽃처럼 강하고 지치지 않는 모습으로 때론 냉정하게 그리고 따뜻하게 학문을 위해 힘쓰시고 제자들을 위해 마음써 주시는 모습의 교수님이 그려집니다.

때론 엄격하고 카리스마 넘치는 모습에 가까이 다가가기가 어렵기도 했습니다. 특히 석사과정 때는 더욱 그랬던 것 같습니다. 석사과정 후 대학원 공부에 더 욕심이 났고 박사과정을 이어서 하고 싶었지만 교수님께서 조금 천천히 속도 조절을 하라고 말씀을 해주셨던 적이 있

▶ 일본 학회에서 말씀중이신 박명섭 교수님

었는데, 그때가 개인적으로 가장 마음이 조급했었습니다. 하루빨리 박사과정을 시작해서 마치고 싶은 마음에 조급함이 앞섰던 만큼 제게는 초초했던 시기였습니다. 그러나 박사과정을 시작 못하거나 늦어질 수밖에 없는 상황에서 포기하지 않고 학업에 대한 의지와 열의를 최선을 다해 교수님께 보여드렸습니다. 이런 마음을 알아주신 건지 감사하게도 석사과정 졸업 후 박사과정을 바로 시작할 수 있었습니다.

　무역학 분야에서 많은 업적을 이루신 교수님께 지도를 받고 제자로서 학업을 완료할 수 있었던 것이 제 인생에도 큰 변화를 가져왔습니다. 막연하게 꿈으로만 생각하던 것들이 현실이 되었고, 지금은 감사하게도 교수님의 발자취를 따라 후학을 지도하고 있습니다.

　처음 뵌 날부터 아쉽게도 퇴임을 하신 지금까지 꺼지지 않는 불꽃처럼 학문과 후학 양성에 힘써주시는 교수님의 열정과 은혜를 본받고 배우고 싶은 부족한 제자로서 교수님의 퇴임이 더욱 더 아쉽기만 합니다. 사석에서는 누구보다 편안하고 제자의 근심, 걱정까지 염려해 주시던 교수님께 진심을 담아 감사함을 전하고 싶고 고생하신 만큼 퇴임하신 후에는 더욱 더 건강하시고 행복한 시간 보내시길 기원합니다.

▶ 일본 코베항에서(왼쪽부터 김순종, 박명섭 교수님, 박세현)

14

해양시대의 보고:
바다와 배 그리고 사람

박영현

　교수님을 처음 뵙게 된 해는 2011년으로 석사 과정에 입학도 전에 성균관대학교 대학원 무역학과에서 주관하는 "제1회 성균무역포럼"에 참석을 했었다. 그때는 아직 성균관대학교 소속이 아니었기에 일반인 청중으로 조용히 자리에 앉아서 당시 큰 이슈가 되고 있던 FTA 추진현황과 활용 실태에 대한 주제를 경청하여 들었었다. 성균무역포럼 진행을 하시던 박명섭 교수님을 실제로 뵙게 된 것은 그때가 처음이었다. 대학원 홈페이지 사진으로만 뵈었던 교수님은 실제로는 대단히 장신이셨으며, 유창한 언변으로 이슈를 던지면서 포럼을 잘 정리해 주셨던 것으로 기억한다. 학술 포럼의 형태나 진행을 처음 보게 되었으며, 지적 나눔과 전문적인 견해에 대학원 진학에 대한 열망이 강해지게 되는 계기가 되었었다. 이후 성균관대학교 대학원 무역학과 석사로 입학하게 되었고, 학과사무실에서 조교로 활동하게 되면서 박명섭 교수님의 가르침을 받게 되었다.

교수님께서는 여느 학자보다 더 많은 논문과 저서를 집필하셨는데, 학계에 60여 편의 저역서와 200여 편의 논문을 남기시어 학술 발전에 크게 이바지하셨다. 저역서와 논문은 정량적인 측면에서도 그 수가 놀라울 뿐만 아니라, 정성적인 측면에서도 내용의 깊이와 분야의 다양성이 지대하다고 볼 수 있다. 그중에서도 교수님의 대표적인 저서 중 하나인 『국제물류의 이해』는 국제물류에 대한 시야를 확장

▶ 무역경영연구(제23호), 한국무역경영학회

시키고 이해를 돕는데 큰 영향을 주었다. 물류와 로지스틱스, 그리고 SCM에 대한 학술적 의의와 관점에 대한 가르침으로 이를 통하여 연구자로서 갖춰야 될 소양과 다양한 시각에 대해서 배우게 되었다. 이후 학술적인 접근과 연구에 있어 한 가지 관점만 존재하는 것이 아닌 다양한 관점에서 접근하게 되었으며, 개념과 의의에 대한 부분도 있는 그대로 받아들이기보다는 그 이면을 함께 생각하는 자세를 갖추게 되었다. 이는 연구자가 갖추어야 할 기본적인 소양이라고 여기며, 이러한 깨달음을 교수님의 저서를 통해서 배울 수 있었다. 교수님께서 남기신 많은 학문적 업적과 기여는 후대 연구자에게 큰 귀감이 되고 있다.

교수님을 10년 넘게 따르면서 당연히 학문적 소양을 많이 기를 수 있었고, 많은 깨달음을 얻었지만 이와 더불어 많은 추억들을 마음에 남길 수 있었다. 타인을 바라보는 시선이나 느낌은 사람마다 개인차가 있을 것이고, 교수님에 대한 생각이나 마음도 모두가 동일하지는 않을 것이라고 여겨진다. 나에게 있어 교수님은 대단히 정이 많으시고, 직접적으로 표현은 잘 하지 않으셨어도 항상 제자들을 위해 마음을 쓰시던

따듯한 분이라고 느꼈었다. 덕분에 석박사 과정을 모두 무사히 졸업할 수 있었으며, 박사 학위 졸업식에 교수님께서 오셨을 때는 매우 깊은 감동을 느꼈었고 대학원 전 과정에 있어서 감사함을 항상 가지고 살고 있다.

▶ 2015년 SINOKOR YOKOHAMA호 선내에서

▶ 2015년 부산북항 7부두 SINOKOR YOKOHAMA호 앞에서

교수님께서는 대외 활동을 많이 하셨기 때문에 교수님을 모시고 일본과 중국 등 해외 국가들을 다수 방문했었으며, 그중에는 선박을 타고 일본을 방문한 경험도 다수 있었다. 동해에서 큰 파도를 넘어 일본 돗토리 환경대학을 방문한 경험도 있었고, 팬스타 크루즈선(부산－오사카)이나 비틀(부산－후쿠오카)에 탑승하여 일본 학술대회에 참여한 적도 있었다. 그중에서도 가장 기억에 남는 경험은 2015년 여름, 교수님을 모시고 승선했었던 컨테이너 선박 승선 경험이었다. 부산 북항 7부두에서 탑승하여 일본 도쿄까지 이어지는 여정으로 컨테이너 운송의 전 과정을 직접 목격할 수 있는 소중한 경험이었다. 교수님께서 김경우 박사님과 나를 여정에 합류시켜 주셔서 동행하게 되었는데, 망망대해를 건너가는 긴 시간 동안 교수님께 많은 가르침과 말씀을 들을 수 있었던 대단히 의미 있는 시간이었다. 또한 현대 사회는 많은 문명의 이기에 의존하며 살고 있기에, 짧은 시간이었음에도 스마트폰에서 벗어나는 자유의 시간에서 해방감마저 느낄 수 있었다. 돌이켜보면 소중한 경험이 많이 남았으며 짧은 글로 모두를 표현하지 못함에 아쉬움이 남는다. 성균관대학교 대학원 무역학과라는 여정에 교수님 곁에 있었음을 무한한 영광으로 여기며 교수님께 감사함을 다시금 표하고자 한다.

15
인생의 방향을 가르쳐 주신 은사님께

박 우

"인생이 정말 빨리 지나갔구나"라는 생각이 들 때가 있습니다. 어느덧 2022년이 끝나가고 있습니다. 저의 박사과정부터 현재까지 멘토이신 박명섭 교수님께서는 이번 해 8월에 정년퇴임을 하셨습니다. 박사 입학이 엊그제 같은데 손꼽아 보니 박사 입학 후 16년이 흘렀습니다. 그동안 저 나름대로 많은 노력을 기울였지만, 교수님의 지도와 지지가 없고 성균관대학교 대학원 무역학과에서 박사학위 취득이 없었다면 저는 한국 대학에서 전임교원이 될 수 없었을 것입니다. 교수님을 따라 박사과정을 밟고 그 후 대학 시간강사로 뒹구는 과정을 통해 많은 것을 배웠고, 제 인생의 목표와 궤적을 바꾸게 된 것입니다.

첫인상

박명섭 교수님에 대한 첫인상을 얘기하면 처음 만났을 때부터 키가 크다는 생각이 들었습니다. 당시 저는 이렇게 키가 큰 대학교수, 심지어 한국인도 본 적이 없었습니다. 교수님은 위엄 있고 카리스마가 있어서 초기에는 다소 긴장되었지만 존경스럽다는 표현이 어울릴 것 같습니다. 한국에 온 지 오래되었고 그동안 저를 많이 긴장시키는 사람은 거의 없었지만, 교수님께서는 저를 긴장하게 하셨습니다. 아마도 교수님의 신장과 언어적인 특징 때문인 것 같습니다.

▶ 제주도를 방문한 박명섭 교수님

입학 면접

긴장이라는 단어를 꺼내면 성균관대 대학원 무역학과 박사 입학 면접 날도 빼놓을 수 없습니다. 한국 나이로 26세였던 당시 성균관대에서 공부를 더 하고 싶었고, 꼭 합격하고 싶은 마음도 간절했습니다. 이 면접을 위해 새로운 양복, 넥타이를 샀습니다. 제 인생에서 진정한 의미를 갖는 첫 면접이었고, 대한민국의 명문인 성균관대였기 때문에 너무 긴장한 나머지 면접장에 들어서자마자 당황했었습니다. 혹시나 면

접관이 내가 누군지 기억 못 할까 봐
사진이 붙어 있는 접수증을 두 손으로
가슴에 갖다 댄 뒤 면접관 앞에 앉아
자기소개부터 시작했습니다. 그때 박
명섭 교수님이 제 자세가 이상하다고
생각하시고 가슴에 있는 접수증을 내
려놓으라며 서너 번 손짓해 주신 후
제가 인식했고 손을 내렸습니다. 긴장
때문에 면접에서 우스갯소리를 했지만,
다행히 입학 합격하게 되고 운 좋게
박명섭 교수님의 제자가 되었습니다.

▶ 성균관대학교 경영관 금잔디에서
필자

강의 스타일

사실 성균관대학교 대학원 무역학과에 입학하기 전, 몇몇 중국인
친구들이 제게 이곳을 추천해 주었습니다. 그들은 성대 무역학과 교수
들이 수준급이고 특히 학과장인 박명섭 교수님의 강의가 최고라고 했
었습니다. 그래서 입학 후 수업마다 박명섭 교수님의 강의 방식, 강의
스타일, 언어 스타일을 관찰하면서 따라서 배웠습니다. 이는 제가 대학
에서 강의를 하는데 큰 영향을 미쳤습니다. 지금도 저는 강의를 할 때
경상도식으로 말을 해야 기세도 있고 자신감도 산다는 생각이 듭니다.

첫 번째 소논문

제가 박사과정을 수료하고 나서 교수님께서 처음으로 학술지 논문
작성 과제를 내주셨던 기억이 납니다. 그때 당시 제가 능력이 부족하다

고 느꼈기 때문에 한국에서 KCI 논문을
게재하는 임무를 완성할 수 있을까 하는
압박감을 느꼈습니다. 하지만 교수님께서
이 과제를 주신 것은 교수님 생각에 제가
할 수 있을 것 같다는 뜻으로 제 자신에
대해 의심할 필요가 없다는 생각이 들었
습니다. 그 후 교수님의 지도와 저의 노
력, 그리고 다른 선후배들의 협조와 도움
으로 무사히 논문 등재를 마칠 수 있었습
니다. 논문 작성이라는 이번 경험은 저에

▶ 인터넷법률(제40호), 법무부

게 매우 중요했으며, 자신감이 붙었고 경험도 쌓을 수 있었습니다.
이는 제가 한국에서 많은 논문을 발표하고 연구 사업까지에 선정될 수
있는 좋은 출발점이 되었습니다.

귀화 추천

중국에서 대학을 졸업하고 한국을 유학 목적지로 선택한 이유 가운
데 민족적 성향이 크게 작용했습니다. 제 조상님들이 한반도에 살았다
는 사실을 인정할 수밖에 없었고 한국에 온 후로 계속 남아서 살고 싶
다는 생각이 들었습니다. 한국에 온 지 5년여 만에 일반귀화를 신청할
수 있는 기본 조건을 거의 갖췄지만, 당시에 한국 국내에서 일정한 신
분을 가진 사람이 추천하고 그 추천서를 제출하라는 조건이 있었습니
다. 그리고 추천인에 대한 주민등록증 사본 등 개인정보 관련 증빙서류
도 함께 제출해야 한다고 규정되어 있었습니다. 박사과정 학생으로서
지도교수가 추천해 주신다면 더할 나위 없이 좋을 것입니다. 그런데 교
수님께서 과연 이해하실 수 있을지 걱정이 앞섰습니다. 그러나 박명섭

교수님께서는 매우 개방적
이시라 이야기를 나누면서
귀화에 대한 제 생각을 잘
이해하고 계셨습니다. 그
러면서 교수님께서는 저에
게 "부모님이 동의하셨
냐?"라고 물어보셨습니다.
이 질문을 통해 저는 교수

▶ 귀화 후 발급받은 한국 여권

님께서 "효도"를 얼마나 중시하는지를 알 수 있었습니다. 저는 부모님
도 동의하셨고 나중에 능력을 갖추면, 부모님도 꼭 한국에 모시고 함께
살고 싶다고 말씀드렸습니다. 현재는 그 때 교수님께 말씀드렸던 모든
것을 이룬 상태입니다. 이러한 결과를 얻은 것은 모두 교수님께서 제
귀화를 도와주시고 이해해 주신 덕분이라고 생각합니다.

성대 블렌디드 러닝

교육 이념에 대해서도 박명섭 교수님께서는 항상 시대를 앞서간다
고 생각합니다. 제 기억에 교수님은 2012년부터 성균관내 경영학부에
서 국제물류론 등 전공 교과목을 다양한 언어로 개설하셨는데, 한국어,
영어, 중국어를 비롯해 일본어 강의도 포함되었습니다. 또한 수업방식
은 당시 참신했던 블렌디드 러닝-온라인 수업과 오프라인 수업을 결
합한-방식이었습니다. 저는 중국어로 개설된 블렌디드 러닝 깅의를
교수님과 함께 할 수 있었습니다. 교수님은 온라인 동영상 강의를 하셨
고 저는 오프라인 강의실 수업에서 중국어로 수업을 진행하였습니다.
코로나19 사태 이후 부득이하게 저의 현재 소속 대학 등 많은 대학에
서는 전임교원들에게 블렌디드 러닝 수업이나 100% 온라인 수업을 개

설해달라고 요청하는 경우가 많습니다. 10여 년 전 박명섭 교수님과 함께 블렌디드 러닝 수업을 했던 경험으로 현재 소속 대학에서 블렌디드 러닝이나 100% 온라인 방식의 강의를 할 때 어려움이 전혀 없었습니다.

유달리 부지런하신 분

박명섭 교수님께서는 유난히 부지런하신 교수님이시고, 궁리하는 것을 좋아하시는 교수님이라는 느낌을 받았습니다. 교수님은 항상 현재 시사와 관련된 연구 아이디어를 많이 가지고 계시며, 그리고 전공과 관련된 많은 연구 아이디어도 우리와 함께 공유하십니다. 일반적으로 교수님께서 제시하신 연구 주제는 매우 연구 가치가 있습니다. 이러한 부지런하신 교수님을 따라 공부하니 우리도 자연스레 부지런해진 것 같습니다. 많은 사람들이 은퇴 후 편안한 노후를 보내며 마음껏 즐기기를 좋아합니다. 그런데 교수님은 비록 대학에서 퇴임하셨지만, 부지런한 생활패턴을 지속하면서 학문적 측면을 파고들며 참신한 방식으로 지식을 전달하고 계십니다. 예를 들어, 유튜브 채널을 개설함으로써 우리에게 많은 유익한 강의 영상을 녹화해 주시고 공유하고 있습니다.

요컨대, 멘토 박명섭 교수님께서는 저의 인생 가운데 매우 중요하신 분이시고 저의 인생의 방향을 가르쳐 주시며, 저의 학업과 직장 생활, 나아가 인생길에는 중요한 안내와 지지의 역할을 해주셨습니다. 여기서 은사님께 진심으로 감사드립니다. 그리고 늘 존경합니다. 지금까지도 제 인생의 모범이자 배움의 대상이었습니다. 퇴임 후에도 건강하시고 장수하시고 행복하시길 바랍니다.

16
인생이라는 바다

박현혁

"학이시습지불역열호(學而時習之不亦說乎)"
"배우고 때로 익히면 기쁘지 아니한가"

대학원 입학을 고심하던 때 감명 깊게 들었던 한 구절입니다. 유튜브 영상을 통해 이 구절을 소개해 주신 장년의 신사께서는 덧붙여 30년간 대학교수로서 배우고 익히는 일을 해왔지만 이를 이렇게 학생들에게 전달하는지가 가장 중요하다고 말씀하시더군요.

새삼 어릴 적 중국집 배달 주문도 못 할 정도로 소심했던 제가 어찌 보면 유튜브에 감사해야 할지도 모르겠다는 생각이 들었습니다. 응당 대학원 입시 준비생이라면 한 번쯤은 시도한다는 킨백 메일조치 보낼 생각을 못 했던 제가 영상에 나온 교수님의 말씀을 듣고 성균관대학교로 진학을 결정하게 되었으니까요.

감사하게도 이후 교수님의 열정을 따라 대학원이라는 공간에서 참 많은 경험을 했습니다. 공모전, 학술대회 발표, 학회 업무까지 살면서 생각지도 못했던 일들을 경험하며 소심했던 청년은 꽤나 성장한 듯합니다. 대학원은 저에게 성숙의 공간이었으며 여러 인연을 만나게 된 사교의 장이자 부족했던 과거를 반성하게 하는 참회의 장소로 남아있습니다.

청구역 근처 작은 술집에서 마지막 제자로 받아주셨던 일, 교수님과 함께 걸었던 항동철길, 선배들과 함께 했던 오이도 여행 등 그동안 여러 즐거운 일들이 있었지만 왠지 모를 씁쓸함과 복잡 미묘한 감정들을 불러일으키는 한 가지가 가장 기억에 남습니다. 교수님께서 정년퇴임 전 평생을 수많은 제자들을 배출해온 교육자로서 또한 수백 편에 달하는 학술 논문을 발표한 학자로서 피와 땀이 묻어 있는 연구실을 정리하기에 복잡한 마음을 감추지 못하셨죠. 당시 5평 남짓한 그 작은 공간의 마지막 정리를 끝내 제자들에게 부탁하신 후 남아있는 펜 하나에서부터 책장들까지 정리하기 시작했습니다. 금방 끝내겠지 하는 생각이 무색하게 하나 둘 정리하는 것이 꽤나 힘들었던 생각이 납니다.

▶ 2021년 11월 교수님과 함께 찍은 사진

수많은 서적들, 연구결과물들을 정리하고 키를 반납하기 전 그 빈 공간에서서 감히 가늠할 수 없는 그 세월의 크기를 가늠하려 하자 괜스레 눈시울이 붉어지는 듯했던 기억이 납니다.

교수님께서 남기신 발자취를 따라 걷다 보면 제 인생에 대해서도 많은 생각을 하게 됩니다. 먼 훗날 저 또한 인생을 뒤돌아보며 정리하는 때가 왔을 때 부지런히 달려왔다고 할 수 있을까... 아직 미숙한 저로서는 잘 모르겠습니다. 하지만 수많은 제자들의 성공과 남겨진 결과물들이 말해주듯 열정과 헌신으로 평생을 보내신 분을 알고 있기에 이를 본받아 더욱 나아갈 수 있을 것 같습니다.

많은 사람들이 그들의 인생을 바다에 빗대어 표현하곤 합니다. 변덕스러운 날씨, 거센 파도, 눈에 보이지 않는 암초 같은 것들이 우리의 앞길을 가로막을 때 한 사람의 힘만으로 이 많은 시련을 극복할 수 있을까요. 교수님께서 남겨주신 수많은 것들 중 가장 큰 것은 우리라는 울타리가 아닐까 싶습니다. 교수님께서 지휘하시는 선대가 일으킨 수많은 물보라가 어느 곳으로 우리를 향하게 하는지 알 수 없지만 잠시나마 키를 맡길 수 있고 돛을 정비하며 서로 의지할 수 있는 선배님들과 동료, 교수님이 계시기에 감사하다는 말을 남겨두고 싶습니다.

파도와 날씨 같은 것들이 자연의 일이라면 이를 극복하는 것은 사람의 일이겠지요. 저 먼 지평선 넘어 어딘가를 향하는 우리의 항해가 어디서 끝날지는 모르겠지만 배 위에 남겨주신 것들이 많아 어떤 시련에도 이겨낼 수 있지 않을까 생각합니다.

▶ 외해를 운항중인 배 한 척

평소 과묵하고 표현 없는 제자라 죄송스러운 마음이 많습니다. 우물 속에서 하늘을 보는 편협함보다 드넓은 대양에서 높게 펼쳐진 하늘을 볼 수 있도록 지도해 주신 점 항상 감사드리며 앞으로도 인생의 선배로서 많은 가르침 부탁드리겠습니다. 소망하는 것이 있다면 교수님께서 인생이라는 바다를 항해하시면서 잠시나마 힘을 보탤 수 있는 제자가 될 수 있기를 바랄 뿐입니다.

17
츤데레* 교수님

송효주

　교수님을 처음 뵙게 된 것은 2018년 11월 16일 성균관대학교 대학원 무역학과 면접장에서였습니다. 무역학과 홈페이지에서 미리 사진으로 뵈어서 면접장에 계신 교수님이 박명섭 교수님이신 것을 바로 알 수 있었습니다. 매우 긴장한 탓에 면접이 어떻게 진행되었는지 기억은 가물가물하지만, 기억에 남는 교수님의 첫인상은 엄숙하신 표정과 날카로운 질문을 하셨던 모습으로 굉장히 무서운 교수님이라고 생각하였습니다.

　몇 주 후, 대학원 무역학과 합격 통보를 받게 되었고, 2019년 무역학과 오리엔테이션에 참석하게 되었습니다. 오리엔테이션에는 면접관이셨던 박명섭 교수님께서도 참석하셨습니다. 면접관으로 뵀을 때의 무서웠던 첫인상과는 달리, 다소 온화하신 모습으로 신입생 입학 축하 말씀과 함께 신입생들을 환영해 주셨습니다. 그리고 이어진 뒤풀이 자

---

* 일본어로, 쌀쌀맞고 인정이 없어 보이나, 실제로는 따뜻하고 다정한 사람을 이르는 말.

리에서도 바쁘실 수도 있지만 참석해 주셔서, 도움이 되는 많은 말씀을 해주시고, 호암관 9층에 있는 무역학과 세미나실에 무역학과 선배님들과 함께 공부할 수 있는 자리가 마련되어 있다고 소개해 주셨습니다. 오리엔테이션과 뒤풀이 자리에서 학생들을 위해 말씀해 주시던 교수님의 모습에서, 진심으로 학생들을 생각하시는 따뜻한 마음이 느껴졌습니다.

개강 후, 교수님께서 말씀해 주셨던 무역학과 세미나실을 찾아갔습니다. 세미나실에는 교수님께 지도를 받고 있던 박사과정 선배님들이 계셨습니다. 비록, 교수님을 직접 뵐 수 있는 시간은 적었었지만, 세미나실에서 선배님들과 그리고 동기들과 함께 학교생활을 하며 무역에 대한 지식뿐만 아니라 대학원 생활 동안의 추억도 쌓을 수 있었습니다. 개강 후 첫 학기 수업에서는 교수님을 주로 블렌디드 수업을 통하여 온라인으로 접하였는데, 2019년 2학기에 글로벌 협상 수업을 통하여 교수님께서 직접 강의하시는 수업을 들을 수 있었습니다. 많이 부족하지만, 교수님께서 가르쳐 주시는 가르침을 습득하기 위하여 열심히 공부하였습니다. 이후 교수님께 석사논문 지도를 부탁드렸고, 교수님께서 받아 주셔서 교수님 지도하에 석사논문 작성을 할 수 있었습니다. 그러나, 2020년부터 갑자기 발생한 코로나19 팬데믹으로 인해, 교수님을 직접 뵐 수 없는 상황에서 석사 졸업을 맞이하게 되었습니다.

진로를 고민하면서 무역학에 대해 아직 더 공부해 보고 싶다는 생각과 함께 제가 석사논문의 지도 교수이신 박명섭 교수님의 지도하에 박사과정을 하고 싶다고 생각하여 교수님께 말씀드렸습니다. 하지만, 교수님의 정년퇴임으로 인하여 지도 학생을 받기 어렵다고 말씀해 주시면서, 저의 진로에 대해 많은 조언을 해주셨었습니다. 특히, 교수님께서는 박사과정 진학에 대한 조언뿐만 아니라 "인생에서 '누구'를 만나는가도 중요하지만 '언제' 만나는가도 중요하다"라는 말씀과 함께 인생에 대해서도 많은 조언의 말씀을 해주셨습니다. 학생 한 명의 고민에도 함께 고민해 주시고 진심으로 대해주시는 교수님의 따뜻한 마음에 감사함을 느꼈습니다. 교수님의 말씀을 듣고 진로에 대해 다시 고민을 하고 있던 와중에 교수님의 추천으로 무역학과 조교에 지원하여 조교로 근무를 하게 되었습니다.

처음 조교 업무를 시작했을 때는 학생일 때와는 다르게 많은 것이 낯설게 느껴졌습니다. 무엇보다도, 학생 때는 교수님을 접하는 기회가 적었는데, 학사 업무를 하게 되면서 교수님께 직접 연락을 드리고 교수님과 자주 접하게 되었습니다. 제가 학생이었을 때는 잘 몰랐지만 조교 생활을 하면서 가장 크게 느낀 것은, 교수님께서 항상 무역학과의 발전을 위해 끊임없이 힘쓰신 다는 것이었습니다. 무역학과 학생들에게 많은 기회와 성장의 밑거름을 주시려고 노력하시는 모습을 보며 무역학과와 무역학과 학생들에 대한 무한한 애정을 느낄 수 있었습니다. 또한 교수님의 헌신과 노력으로 무역학과가 지금까지 성장할 수 있었다는 것을 느낄 수 있었던 시간이었습니다.

▶ 교수님께서 직접 서명해주신 산문집

여느 때처럼 일하고 있던 어느 날 점심시간, 교수님께서 퇴임을 앞두시고 집필하신 산문집에 직접 서명을 해서 전달해 주셨습니다. 교수님의 산문집을 읽으면서, 교수님께서 걸어오신 길에 대해 느낄 수 있었습니다. 언제나 치열하게 노력하시면서 인생을 살아오셨음에도 꾸준히 노력하시는 교수님의 열정과 그 안에 틈틈이 녹아있는 학생들에 대한 사랑과 무역학과에 대한 헌신적인 마음. 그 마음들을 읽으면서, 교수님의 무게감 있는 발자취와 따스함을 느끼면서, 저 자신에 대해서도 많은 것을 생각할 수 있는 시간이었던 것 같습니다.

2022년 12월 8일. 교수님의 정년퇴임 기념행사가 있었습니다. 무역학과 석사 졸업생으로서 행사에 직접 참석하여 교수님의 연혁과 걸어오신 길을 들을 수 있게 되어 영광이었습니다. 정년퇴임을 하셨음에도 유튜브와 함께 많은 활동을 하고 계신 모습을 보면서 교수님의 에너지를 느낄 수 있었고, 앞으로도 승승장구하시는 교수님 보면서 저 또한 교수님의 제자로서 좋은 결과로 교수님의 가르침에 보답할 수 있도록 노력하겠습니다.

마지막으로 교수님의 정년퇴임을 축하드립니다.

▶ 박명섭 교수님 정년퇴임 기념행사

18
키다리 교수와 별난 제자

신동혁

박명섭 교수님과의 첫 만남은 10년 전으로 거슬러 올라갑니다. 2013년 3월 '한일 FTA와 무역물류 이슈 5기'라는 수업을 통해서 박명섭 교수님과의 인연은 시작되었습니다. 처음 강의실에서 만나 뵙게 되었을 때 키가 무척 크셔서 굉장히 놀랐었습니다. 이 수업은 보통의 수업과는 조금 달랐습니다. 한 학기 동안 무역과 물류에 대해서 배운 후 저희가 직접 탐구 주제를 정하여 실제로 일본을 일주일간 방문 후에 보고서를 쓰는 특별한 수업이었습니다. 무엇보다 이 수업은 소수의 7명 학생으로 이루어져서 더욱 박명섭 교수님과 가까워지는 시간이 많았습니다.

수업 내용보다 저는 박명섭 교수님의 인간미 넘치는 모습이 특별히 기억이 납니다. 첫 번째는 교수님의 '허당美'입니다. 수업 시간 때 교수님께서 피자를 주문했으니 실컷 먹으라고 하셨었습니다. 대학생 때만해도 교수님께서 피자를 사주시는 것은 엄청난 센스를 발휘하여 학생들을 진심으로 사랑한다는 마음의 표현과도 같았습니다. 저와 다른 학생 7명은 모두 피자를 기다리고 기다렸는데, 딸랑 두 판 왔습니다. 물론 피자 두 판도 많다고 할 수 있지만 '1+1' 피자 두 판이어서 한 판당 한 조각씩만 먹었던 기억이 있습니다. 20대 혈기왕성한 청년들이라서 한 사람당 적어도 피자 세 네 조각은 먹어야 배가 차던 시절이었던 것 같습니다. 교수님께서 실컷 먹으라고 하셔서 기대가 너무 컸던 모양입니다.

두 번째는 교수님의 '유머美'입니다. 저희가 일본 탐방을 가서 어떤 주제로 조사를 하고 보고를 할지 고민하던 시기였습니다. 교수님께서 학생들에게 고생을 많이 한다고 점심에 중국집에 데려가 주신 후 맛있는 짜장면을 사주셨었습니다. 그러다가 갑자기 교수님께서 생각에 잠기시더니 저희에게 옛날 왕년에 인기 많던 시절의 이야기를 들려주셨습니다. "내가 왕년에 참 인기가 많았지. 대학생 때 미팅 가면 여자들이 줄을 섰지."라고 하셨습니다. 저는 너무 웃겼지만 그래도 끝까지 경청하는 태도를 보였습니다. "키도 크고 얼굴도 잘 생기고 미래가 촉망받는 젊은이여서 더 인기가 많았던 것 같아. 물론 지금도 인기가 많고."라고 하셔서 역시 남자는 자기의 거울을 보면서 모두가 잘생겼다고 생각하는구나라는 걸 실감했습니다. 그리고 교수님의 자신감이 넘치는 모습이 인기의 비결이 아닐까 생각했습니다.

세 번째는 교수님의 '백치美'입니다. 여름방학 때 무사히 일본을 탐방하여 일본 철도 물류 보고서 작성을 완수한 이후에 교수님께서 고생을 많이 했다고 점심을 사주셨습니다. 당시에 무엇을 먹었는지 기억은 나지 않지만 아마 해물파전이었던 것 같습니다. 교수님이 특별하고 독특하고 별나다는 것은 조금씩 인지하고 있었지만, 당시 교수님의 독특한 식사법은 아직도 제게 신선하고 흥미로운 추억이 되어 잊지 못하는 것 같습니다. 교수님께서 보통의 빨간 김치를 물에 씻어서 물김치처럼 맛있게 드시는 모습이 아직도 선명하게 기억합니다. "너희도 이렇게 먹

어봐. 이게 생각보다 맛있어."라고 말씀하시면서 김치를 물에 말아서
드시는 모습을 보면서 교수님의 매력에 또 한번 풍덩 빠졌었습니다.

▶ 한일FTA와 무역물류이슈 5기 수업이 끝난 후 김치를 물로 씻고 드시던 추억의
  사진

▶ 일본 리츠메이칸대학교 철도물류 연구회와 함께 찍은 사진

▶ 일본 큐슈대학교 철도물류 연구회와 함께 찍은 사진

박명섭 교수님께서는 늘 저를 '돈돈~돈돈~'이라고 부르셨습니다. 당시에 제가 일본 사람에게 한국어를 가르치는 온라인 수업 당시 '돈돈 센세'였기 때문이기도 합니다. 지금 돌이켜보면 제 인생에서 교수님을 만나게 된 건 큰 행운이라고 생각합니다. 교수님 덕분에 일본이라는 나라에 대해서 더 깊이 있게 알게 되고, 또한 일본 히토츠바시 대학교에도 교환학생으로 잘 다녀올 수 있었습니다.

저의 삶 가운데서 키다리 아저씨처럼 늘 저에게 힘을 주신 교수님이 지금도 가끔 생각납니다. 제가 사회인이 되어서도 "자네는 임원이 될 거다."라고 늘 말씀해 주셔서 큰 힘이 됩니다. 지금 저는 대한항공에서 사람과 사람을 연결하는 일을 하고 있습니다. 교수님께서 베풀어 주신 은혜를 늘 기억하면서 저도 누군가에게 키다리 아저씨처럼 힘을 주는 사람이 되기를 소망합니다.

19

한자 편지로 저에게 힘을 주신 교수님

왕효등

첫 대화

2019년 11월, 성균관대학교 경영관 5층 박사 면접시험장에서

"자네 이름이 어떻게 되나?"

"안녕하십니까, 이번 학기 무역학과 박사과정에 신청한 유학생 왕효등이라고 합니다! 이 자리에서 만나 뵙게 되어 반갑습니다!" (당시 너무 긴장해서 말을 조금 더듬었습니다.)

"한국말을 천천히 얘기해라, 천천히…"

"네, 교수님."

"왜 우리 대학원에 지원하는 건가?"

"어렸을 때부터 대학교에서 무역학 교수가 되는 것은 꿈이었습니다. 최근 중국의 대학교 강사 선발 경쟁이 많이 치열해졌는데 꼭 성균관대학교처럼 명문 대학교의 박사 학위를 받아야 꿈을 실현할 수 있으니까 무역학과 한국 1위 대학인 성균관대학교에 지원했습니다."

"그렇지. 그럼 우리 대학교에 지원해야지！"

이렇게 박사과정 면접시험에서 박명섭 교수님을 처음으로 만나게 됐습니다. 첫 만남에서 교수님은 근엄한 표정과 깊은 눈빛을 갖고 계셨습니다. 교수님은 저의 개인적인 상황에 대해 자세히 물어본 후에 돌아가서 면접 결과를 기다리라고 하셨습니다. 당시에는 제가 많이 걱정했습니다. '성균관대학교에 합격할 수 있을까?' '성균관에 합격하더라도 교수님과 어떻게 지내야 할까?' 3주 후에 홈페이지를 통해 입학통지서를 받았습니다. 그 순간부터 저는 학문이라는 바다에서 박명섭 교수님의 배에 올라탔고 사제 간의 여정이 시작되었습니다.

온라인 강의로 시작한 사제지간師弟之間

제가 학교에 입학하자마자 코로나 팬데믹이 시작했습니다. 학교의 모든 강의는 온라인 강의로 변했습니다. 교수님도 거의 만나지 못했기 때문에 자칫 나태해질 수 있는 상황이었습니다. 교수님께서는 이런 상황에서 매주 웹엑스를 통해 온라인 발표회의의 방식으로 제 공부를 지도해 주셨습니다. 매주 발표하는 과정에서 가끔 저의 실수로 교수님의 훈계를 받기도 하지만 저의 한국어 발표 능력은 빠르게 향상될 수 있었습니다. 박사과정 학생을 위해 매주 지도해 주시는 교수님의 모습에, 저는 박 교수님이 책임감을 가진 교수라고 생각했습니다.

은퇴하시기 전 저의 부모님께 주신 한자 편지

2022년 6월에 저는 친구로부터 6개월 후에 박 교수님이 은퇴하신다는 소식을 들었습니다. 박사과정을 2년 반밖에 하지 않은 상태였기 때문에 교수님이 은퇴하신 후에 제가 졸업을 하지 못할까 봐 걱정이 많았습니다. 그래서 교수님께 연락을 드렸고 함께 식사를 한번 했습니다. 당시에 코로나 팬데믹이 계속 진행 중이었기 때문에 수업은 다 온라인 형식으로 진행되었습니다. 혼자서 성균관대학교로 입학한 저는 이 기간 동안 거의 집 밖으로 나가지 못했고 계속 혼자 지내다 보니 심리적으로 스트레스를 많이 받았습니다. 교수님은 제 걱정을 눈치채셨는지 식사 자리가 끝난 후에 저에게 한자 편지를 써 주셨습니다. 편지의 내용은 다음과 같습니다.

"왕효등의 부모님, 퇴직을 하더라도 왕 군이 무사히 학위를 받을 것이니까 심려하지 말고 건강하게 지내세요." 이 편지를 제가 지금까지도 잘 보관하고 있습니다.

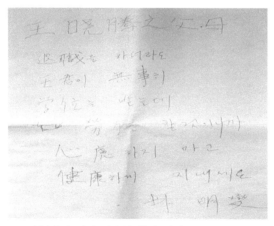

▶ 교수님께서 직접 써주신 한자 편지

저는 이 편지에 감동과 충격을 받았습니다. 한자를 이렇게 잘 쓰는 교수님을 처음 봤기 때문입니다. 그 후에 저는 박 교수님이 중국 유교 사상에 관심을 가질 뿐만 아니라 유교의 교의敎义 심지어 논어论语를 연구해 본 적이 있는 사실까지 알게 됐습니다.

교수님의 교육 이념 유교무류有教无类

박 교수님은 유교를 좋아하고 한자도 능통하십니다. 평소에 저의 이름 "효등" 대신 "왕 군"이라고 부르십니다. 시간이 지나면서 저는 박 교수님이 공자의 유교 교육 윤리를 교육 과정에 적용하고 계신 것을 느낄 수 있습니다. 제가 보기에는 박 교수님이 가장 많이 적용한 유교 교육 이념은 공자의 "유교무류有教无类" 이념이라고 생각합니다.

子曰 : 有教无类(자왈 : 유교무류)

공자는 "누구에게나 차별 없이 교육을 실시해야 한다"고 말했습니다.

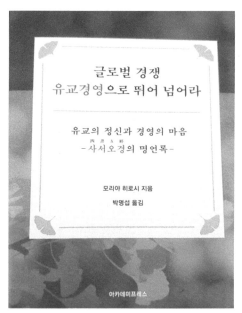

▶ 교수님이 번역한 서적

　교수님은 국적, 민족, 종교를 구분하지 않고 학생들을 교육합니다. 예를 들면 교수님은 석사과정 중국인 학생들에게 온라인 수업을 할 때 항상 공자의 논어에 나오는 고전 명언을 읽도록 했습니다. 일본 유학생에게도 일본의 상업사상(경영철학)의 주제로 강의를 해 주신 적이 있습니다. 교수님께서 심지어 유교와 경영학에 관련한 책을 번역해서 유학생들에게 추천해 주시기도 했습니다.

생각의 바다, 우정의 선박

　2020년 초부터 교수님을 따라 시작한 박사과정은 눈 깜빡할 사이에 벌써 3년 반이란 시간이 지났습니다. 그동안 박명섭 교수님은 예리한 통찰력과 해박한 지식으로 저의 연구 방향과 사고방식에 깊은 영향을 주셨습니다. 교수님은 항상 저의 연구에 소중한 조언과 격려를 해주셨습니다. 이러한 조언과 격려가 저의 학문적 성장과 발전에 큰 도움이 되었고 결정적인 영향을 미쳤습니다. 학문을 탐구하는 바다에서 교수님은 바람을 타고 파도를 헤쳐나가는 선장처럼 앞으로 나아갈 길을 알려주셨습니다. 교수님과 사제 간의 우정을 상징한 선박이 생각의 바다에서 끊임없이 오랫동안 항해할 수 있다고 생각합니다. 교수님께서 앞으로도 건강하시고 행복하시길 바랍니다.

20

2013년 첫 만남 이후
지도 교수님까지: 10년 간 이어진 인연

이재호

2013년 2월, 경영관 교수님 연구실에서

2013년 대학원 무역학과 석사과정 입학 면접 이후, 박명섭 교수님과의 비공식적 자리에서의 첫 만남은 입학 직전인 2013년 2월 말 오후 5시경 경영관에 있는 교수님 연구실에서였다. 지금 생각해 보면 다소 부끄러운 얘기지만 당시 대학원 입학도 하기 전이었던 나는 뭣도 모르고 교수님께 석사과정 졸업 이후의 진로 상담 요청 이메일을 보냈었고 당시 교수님은 연구실에서의 면담 일정을 흔쾌히 잡아주셨다. 그렇게 교수님과의 첫 만남 이후 학과 사무실에서 조교 업무를 하며 교수님 그리고 선배들을 알아가며 대학원 생활을 시작하였다.

2013년 5월, 일본 오사카에서의 첫 학술대회

대학원 입학 후 세 달 정도 지나 첫 학술대회에 참석하였다. 개인적으로 해당 학술대회는 여러 가지 처음 경험하는 것들이 많았기에 아직도 생생하게 기억이 많이 난다. 먼저 일본에 첫 방문이었고 또한 비행기가 아닌 크루즈를 타고 이동한 것도 첫 경험이었다. 학술대회 참석자 40여 명이 부산에서 팬스타 크루즈를 타고 배 안에서 1박을 보내며 교수님 및 선배들과 깊이 있는 진솔한 대화들을 나누는 시간을 보낼 수 있었다. 그 이후 대학원 생활 동안 크루즈를 5번 정도는 더 탔던 것 같다.

2015년 5월, 석사과정 졸업 후 중국 칭다오에서의 학술대회

본교에서 석사과정 졸업 이후 영국 맨체스터 대학으로 유학을 가기 전에 중국 칭다오에서 진행된 학술대회에 참석을 한 적이 있다. 교수님과의 인연은 석사과정 졸업 이후에도 계속 이어졌고 영국 유학 생활 동안에도 계속 이어졌다. 유학 시절 부모님께 손 편지를 써서 보낼 때 교수님께도 두어 번 편지를 써서 보낸 기억이 아직도 난다. 그리고 이렇게 이어진 인연 덕분에 영국에서의 석사과정을 마치고 박사과정에 입학을 했으나 여러 가지 사정으로 학업 중단을 결정했을 때 교수님께서 본교에 박사 편입을 통해 박사과정 마무리를 할 수 있게 도와주신 점은 평생 잊을 수가 없다.

▶ 일본 오사카에서의 첫 학술대회

▶ 일본 오사카 국제학술대회 종료 후 회식자리

▶ 중국 칭다오 소어산 공원 입구에서(왼쪽부터 박영현, 허윤석, 박명섭, 이재호)

2018년 9월, 글로벌 박사 양성사업 선정

　영국에서 돌아와 박사과정 편입학을 하고 한 학기가 지났을 때, 교수님 개인 지도하에 한국연구재단의 글로벌 박사 양성사업에 지원 및 선정되어 박사과정 3년 동안 학비 및 생활비를 지원받으며 편하게 대학원 생활을 할 수 있었다. 박사과정 그리고 박사 후 연수 과정까지 거의 매주 교수님을 뵙고 연구뿐만 아니라 세상 살아가는 지혜 등에 대해 해주신 말씀 덕분에 사회에 나오기 전에 알아야 할 많은 것들에 대해 느끼고 배울 수 있었다. 교수님과 맺은 인연, 지난 10년 동안 개인적으로 교수님 덕분에 정말 많은 변화가 있었다고 느낀다. 교수님을 처음 뵀을 당시에만 해도 참 철없고 식견도 좁았는데 교수님께 많은 것을 보고 배우며 사회에 진출하기 위한 기본적 소양뿐만 아니라 나아가 향후 인생을 살아가는 데 있어 필요한 내 나름대로의 가치관을 정립할 수 있었던 시기가 아니었나 싶다. 개인적으로 교수님은 학문적 스승을 넘어 내 인생의 가장 큰 멘토로 기억을 하고 싶다.

▶ 글로벌 박사 양성사업 선정 기념 만찬 모임(성균관대학교 교수회관 앞)

21
교수님과의 추억

진쟁휘

　시간은 쏜살같이 지나갔고 한국에서 박사학위를 받은 지 어느덧 11년이 되었습니다. 한국에서 10년 동안의 생활을 회상할 때마다 은사인 박명섭 교수님을 따라서 공부했던 시간이 영화처럼 머릿속을 스쳐 지나갑니다. 저는 2003년 성균관대학교 일반대학원 무역학과에 입학하고 그때부터 박명섭 교수님의 사문(師門)에 들어가서 수학하기 시작했습니다. 2006년에 석사학위를 받고 1년 동안 직장 생활을 하였고, 2007년에 다시 성균관대학교에서 박사과정을 시작했습니다. 2012년 8월 박사학위를 받을 때까지 10년 동안의 유학 생활 중 박명섭 교수님께서 학업뿐만 아니라 일상생활에도 많은 도움과 배려를 해주셨습니다.

　특히 2009년 제가 중국에 돌아가서 결혼했을 때, 영광스럽게 제 결혼식의 주례로 교수님을 중국 뤄양(洛阳)에 초청하였습니다. 교수님과 사모님께서 한국에서부터 멀리 중국까지 오시고 참석해 주심으로 인하여 지금까지도 주변 친구들에게 흥미로운 이야깃거리가 되고 있습니다.

▶ 결혼식에서 덕담해주시는 박명섭 교수님

결혼식 다음날에 교수님과 사모님을 모시고 했던 짧은 여행은 저에게 교수님과 더 깊이 교류할 수 있는 기회가 되었고 스승과 제자의 정이 더욱 돈독해질 수 있었습니다.

▶ 교수님, 사모님과 함께 한 여행에서

　지금까지도 교수님의 가르침이 귓가에 생생합니다. 어떤 일을 하든 최선을 다해야 하고 학술연구에서 꼼꼼함과 엄격함을 유지하는 것은 교수님한테 배운 가장 큰 수확 중 하나입니다. 제가 박사논문을 작성하는 동안에 교수님께서 저의 논문의 구조나 내용에 대해서 매우 상세한 지도를 해주셨습니다. 심지어 제 박사논문 참고문헌 중 120편의 영어논문을 모두 찾아내라고 하시고 그 120편의 영어논문에서 제 논문에서 인용한 부분을 일일이 찾아내고 표시하게 시키셨습니다. 당시에는 '왜 이렇게 해야 하는지'를 이해하지 못했지만 지금 생각해 보면 이것은 바로 교수님께서 학문을 대하는 엄격한 태도의 구현으로 생각되며, 이는 저에게도 중요한 가치가 되었습니다. 이제 저도 대학의 선생이 되었습니다. 평소 수업이나 연구에서 늘 교수님의 가르침을 떠올리게 되고 저도 같은 방법으로 중국의 대학생들을 가르치고 있습니다.

　주변 사람들을 더 많이 배려하고 가능한 한 많은 기회를 제공하는 것은 제가 교수님께 배운 또 다른 가치입니다. 저는 박사과정을 졸업하고 중국에 귀국한 후에 여름방학이 될 때마다 성균관대학교로 돌아갑니다. 그때마다 교수님께서 늘 후배들에게 특강을 할 수 있는 기회를 마련해 주셨습니다. 그뿐만 아니라 한국의 학술회의에 참석할 수 있는 계기를 마련해 주시고 한국 학자들과 교류하고 공부할 수 있는 기회를 많이 제공해 주셨습니다. 2013년 여름에 제가 한국에 왔을 때는 '울산항 개항 50주년 기념 국제 세미나'에 참석할 수 있었습니다. 세미나에서 제 발표가 끝난 후에 교수님께서는 저의 어깨를 두드리며 "이제 너도 어른이 되었다."고 밀씀하셨습니다. 그 순간 한국에서의 10년 간 유학생활이 생각났고 눈물이 나올 정도로 벅찬 감동을 느꼈습니다.

▶ 2013년 울산항 개항 50주년 기념 국제 세미나에서

　　제 인생에서 가장 좋은 시기에 한국에서 유학을 했습니다. 이 10년 간의 생활에서 얻은 가장 큰 수확은 교수님의 뒤를 따라 학문을 탐구하게 된 것입니다. 지금은 코로나로, 중국 내 인터넷의 제한으로, 교수님과 더 많은 교류와 소통을 할 수 없지만 교수님의 간곡한 가르침이 아직도 저의 귓가에 생생합니다. 이 글을 통해 제가 늘 그리워하고 보고 싶은 박명섭 교수님께 다시 한번 감사드립니다. 교수님이 건강하시기를, 모든 가족분들이 행복하시기를 기원합니다!!

22
존경하는 박명섭 교수님께

진　탁

　조금은 막연한 마음으로 시작했던 한국에서의 수학, 어느새 20여 년이라는 시간이 흘러, 지금 나는 다시 본국인 중국에서 교육자의 길을 이어 가고 있다. 바쁜 하루하루에 잠시 한국 기억도 희미해졌었는데, 내가 존경해 마지않는 박명섭 교수님의 정년퇴임 소식을 전해 듣고 나니, 다시금 옛 기억을 돌아보게 된다.

　언어도 문화도 낯선 한국에서의 학업을 시작했고, 한국이라는 나라에서의 적응도 함께했기 때문에 학부와 석사 과정은 내게는 큰 도전과도 같았다. 그 수많은 시행착오들, 돌이켜 보면 웃음 나는 일도, 눈물 나는 일도 제법 많았다. 우여곡절 끝에, 서울대학교 국제대학원 석사 과정까지 잘 마무리하게 되었다. 배움의 과정도 제법 익숙해져 가던 2012년 3월, 성균관대에서 박사 과정을 시작하게 되었고 교수님과의 인연이 시작되었다. 사실, 다년간의 한국생활을 통해 스스로 '이 정도면 괜찮은 학생'이라고 조금은 안주하고 있을 때 교수님을 만나 뵙게 되었고, 박명섭 교수님의 높은 식견과 이를 바탕으로 한 강의 시간의 날카로운 질의는 정말 녹록지 않았다. 익숙해졌다 생각한 내 한국 생활을 다시 돌아보게 될 만큼 말이다.

　한 번은 교수님 및 선, 후배님들과 함께 청도항 견학과 중국 해양대 포럼에 참석한 적이 있었다. 청도qingdao는 나의 고향이니 만큼, 당시 행사의 한국 측 진행자를 내가 맡게 되었는데, 사실 내 성격이 외향적인 성격은 아닐뿐더러, 또 처음으로 그러한 일을 하게 되어 몹시 불안했다. 회의 일정부터 차량, 호텔 예약까지, 신경을 정말 많이 써서 준비했음에도 불구하고 크고 작은 실수가 많았다. 뭐든 실수 없이, 완벽하게 해내고자 하는 성격인 나였지만, 내 고향에서의 행사이고 많은 일행들과 함께 해서 그랬는지 모르겠으나 내 마음대로 진행되질 않아 속상했었다.

▶ 박명섭 교수님

자주 뵙고 좋아하는 교수님이었지만 나에게는 마냥 편할 수 없는 지도 교수님이었기에, 행사 일정 중에는 교수님과 눈을 맞추지 못할 정도로 긴장이 되는 순간들도 많았다. 혹시나 부족함이 드러나지는 않았는지, 일정 중에 불편함이 있지는 않으셨는지, 많은 우려와 생각이 많았던 나에게 교수님은 따뜻한 말로 격려해 주셨고 오히려 행사 준비와 진행을 칭찬해 주시기까지 하셨다. 지금에 와서 생각해 보면, 배려의 말씀이었던 것 같다. 하지만 당시 나는 그 한마디에 정말 많은 힘을 받았고 불편했던 마음들이 눈 녹듯 사라져, 남은 일정을 잘 마무리할 수 있었다.

　존경하는 박명섭 교수님, 부족한 제자였지만 교수님의 도움과 배려로 박사과정을 잘 마치게 되었고 지금 중국에서 새로운 삶을 이어 나가고 있습니다. 교수님, 한국에서 교수님과 지내는 순간순간, 제가 조금 더 살갑게 교수님께 다가갈 수도 있었는데 그러지 못했음이 글을 쓰는 이 순간에 아쉬움으로 다가오네요. 마음 심연에는 항상 교수님을 존경하고 가까이했다는 점 기억해 주셨으면 합니다. 지금은 국경선 너머에 있지만 이 거리는 먼 거리가 아니라고 생각합니다.

은사님의 정년퇴임을 진심으로 축하드립니다.

23

내 기억 속의 "우리" 교수님

홍란주

Chapter 1# 첫 대화

2006년 12월 어느 날이었다.

"여보세요."

"안녕하십니까. 성균관대학교 대학원 무역학과 조교입니다. 홍란
주씨 되십니까?"

"네."

"이번에 박사과정 지원하셔서 학과장님께서 잠시 통화를 원하시
는데 통화 가능하실까요?"

"…네… (뭐지? 갑자기 왜 전화가 왔지?)"

"네, 바꿔드리겠습니다."

"어… 내가 성대 대학원 무역학과 학과장인데, 니 내가 뽑아주
면 성대 올꺼가? 전에도 원서 내놓고 면접 보러도 안 오드만.
뽑아 주도 안 오면 뽑을 필요가 없는데."

"뽑아주시면 갈 건데요!"

"온다꼬? 온다 하고 안 오는 거 아이가?"
"아닌데요. 등록할 건데요!"
"그라믄 전에는 면접 보러 왜 안 왔노?"
"아... 그때는 석사학위 논문 심사랑 날짜가 겹쳐서 못 갔는데
요..."
"그랬나. 알겠다."

당시 나는 부산대학교에서 석사과정 마지막 학기를 보내고 있었다. 무역에 대해 좀 더 공부해 보고 싶다는 생각에 성균관대학교 대학원 무역학과 박사과정 특채에 지원했었지만 석사학위논문 심사 일정 때문에 포기했었고, 이후 정시에 다시 지원을 한 상태였다. 같은 학생이 원서를 두 번째 냈고, 특채 면접에 불참했었기 때문에 전화를 하신 것 같았다. 통화 당시에는 인지하지 못했었다. 전화기 넘어 들려오는 익숙한 부산 억양과 말씨. 교수님의 고향이 부산이라는 것을. 갑자기 걸려온 전화를 받은 터라 아무 생각 없이 그냥 대답했는데 문득 걱정이 되었다.

'아. 혹시 전화 면접이었을까? 좀 더 신중하게 대답할걸...'

다행히도 얼마 후 나는 합격 통지를 받고 박사과정을 시작하게 되었다. 돌이켜 생각하면 교수님의 고향이 부산이었기에 입학할 수 있었던 것 같다. 입학 권한을 가진 학과장님께 "~건데요. ~건데요." 한 사람은 아마도 내가 최초가 아니었을까.

Chapter 2# 경험을 통해 스스로 깨우치게

교수님을 실제로 뵌 건 2007년 3월 "국제비즈니스 커뮤니케이션" 수업의 첫 시간이었다. 교수님께서는 굉장히 키가 크셨고 대단한 "포

스"가 느껴지는 분이셔서 항상 긴장하며 수업을 들었던 기억이 있다. 박사과정 첫 학기 교수님의 수업은 문화, 커뮤니케이션 관점의 내용이라 국제어 수업임에도 재미있게 수강했었다. 수업 중 교수님께서는 내게 소논문 작성을 말씀하셨고, 곧바로 학술지 논문 투고 작업으로 이어지게 되었다. 박사과정 1학기에 수업을 듣고 관련 주제로 학술논문을 쓰는 일은 결코 쉽지 않은 과정이었다. 교수님께서는 논문에 대해 일일이 수정사항을 알려주시는 대신 학술대회 발표를 권하셨다.

2007년 6월 2일 경희대학교에서 학술대회가 있었다. 교수님께서는 다른 일정으로 참석하지 않으셨고 당시 공저자였던 허윤석 조교(현. 제주대학교 무역학과 부교수)와 나, 박사과정 1기생 두 명이 참석하게 되었다. 다행히(?) 발표는 내가 아닌 허 조교가 했었지만 발표가 미처 끝나기도 전에 강제 중단 당했고 코멘트 겸 가르침을 엄청 받았던 것으로 기억한다. 결과적으로 논문은 해당 학술지의 12월 호에 게재될 수 있었다. 박사과정을 시작한 후 첫 번째 논문은 이렇게 완성되었다.

교수님의 수업부터 논문 게재까지 대략 10개월 가까이 소요된 것 같다. 그 시간 동안 교수님께서는 논문에 대해 별다른 말씀이 없으셨다. 지금 생각해 보면 아마도 너무 형편없는 글이라 학술대회 발표를 통해 논문의 수준을 직접 알게 해주고 싶으셨던 것 같기도 하고, 백 마디의 말씀보다 직접 경험을 통해 깨닫게 해주고 싶으셨던 것 같기도 하다. 실제로 나는 논문 작성부터 게재까지의 전 과정을 겪으면서 형식, 각주 처리 등 기본적인 부분부터 논문을 어떻게 써야 하는지, 심사위원들은 어떤 부분을 중점적으로 보는지, 자료는 어떻게 찾아야 하는지 등을 알게 되었고 이후에는 논문 작성이 훨씬 수월해졌다.

▶ 2007년 10월 오사카 학회에서 박명섭 교수님

Chapter 3#   **따뜻한 관심과 배려**

　2007년 말 교수님은 나에게 부산 동서대학교에서 무역영어 강의를 권하셨고 2008년 3월, 그러니까 박사과정 3학기부터 시간 강의를 하게 되었다. 당시에는 박사과정 재학생도 시간 강의를 할 수 있었기 때문에

▶ 2009년 2월 산정호수에서 박명섭 교수님과 석사, 박사과정생들

가능했던 일이었고 이로 인해 주변의 엄청난 질투 아닌 질투와 시샘(!)을 받았던 것으로 기억한다. 왜냐하면 난 겨우 박사과정 2학기를 마친 학생이었고 당시 연구실 과정생들 중에서 시간 강의를 하는 사람은 없었기 때문이다. 분명히 나보다 뛰어난 동료와 선배들도 있었는데 그들이 아닌 나에게 기회를 주신 이유는 무엇이었을까? 곰곰이 생각해 보면, 아마도 부산에 계신 어머니가 몇 달째 입원 중이셨기에 좀 더 자주 내려가서 어머니를 뵈라는 교수님의 배려가 아니었을까 싶다.

물론 교수님께 혼난 적도 있다. 처음으로 연구계획서를 작성했을 때 예산 부분을 잘못 작성해서 꾸지람을 들었다(고 생각 한다). 내 나름 잘해보려고 연구지원팀 담당자랑 두 번, 세 번 확인했는데 결과는 잘못 작성했던 것. 호암관에서 꽤 오랜 시간 엉엉 울고 있었는데 교수님께서는 다른 학생에게 전화를 걸어 란주 좀 챙기라고 하셨단다. 아마도 내가 울고 있을 거라는 걸 교수님께서 알고 마음 쓰이셨던 게 아닐까. 그

때는 어린 마음에 혼났다고 무섭다고 이제 어떡하냐며 엉엉 울었는데 어쩌면 교수님께서는 혼낸 게 아니라 "조금 큰 목소리"로 그냥 "말씀" 하셨던 게 아니었을까. 그 이후 교수님께서는 내게 한 번도 큰 소리 내신 적이 없으시다. 여전히 내가 잘하지 못해도 실수해도 교수님께서 넓은 마음으로 넘겨주셨기 때문인 것 같다.

　사실 내가 박사과정에 진학했던 이유는 (믿기 어렵겠지만) "더 공부하고 싶어서"였다. 배움에 끝은 없지만 모든 사람들이 알고 있고 인정하는, 마지막 교육과정은 박사과정이라고 생각했었기에 진학했고 정말 많이 배우고 경험하고 생각하고 공부할 수 있었다. 나는 박사과정을 수료하고 곧 결혼을 했고, 교수님의 배려로 남들보다 조금 빨리 박사학위 논문 심사를 받을 수 있었다. 두 번의 본심사를 통해 심사위원장 이하 위원 교수님들의 피드백을 받아 수정했고 마지막 확인을 위해 교수님께 논문을 드렸다. 3일 정도 지나 교수님께서 다시 논문을 돌려주셨는데 논문의 처음부터 끝까지 표·그림 출처, 표 속 글씨, 각주표기ibid. op. cit.까지 일일이 다 보시고 빨간펜으로 체크해서 돌려주신 것이었다. 그때는 그냥 감사한 마음뿐이었는데 이제는 안다. 교수님께서 일부러 시간을 내서 내 학위논문을 봐 주신 것은 정말 큰 은혜라는 것을. 교수님 정말 감사합니다!

　나는 무사히 졸업을 했고, 이후에도 계속 교수님의 프로젝트를 도우며 강의와 공부를 지속할 수 있었다. 감사하게도 성균관대 경영대학과 문과대학에서 강의를 하게 되었고 강의 준비로 분주하게 지내던 어느 날, 아기를 갖게 되어 교수님께 말씀드렸었다.

　"예정일이 언제라고?"
　"내년 7월 중순입니다."
　"그래? 그럼 지금 하고 있는 연구는 일단 그대로 진행하고, 서류 제출하러 600주년 내려가는 거는 다른 애들 시켜라."
"아니에요 교수님. 제가 계속할 수 있어요."
"아이다. 그 오르막길 왔다 갔다 걸어 다니지 말고. 조심해야
된다. 그래 해라."

그리고 교수님께서는 호암관 세미나실에 전화를 걸어 후배들에게
직접 말씀해 주셨다. 앞으로 홍 박사 600주년 기념관까지 걸어 다니게
하지 말라고 조심해야 한다고... 호암관에서 600주년 기념관까지 먼 거
리도 아닌데. 다시 생각해도 교수님의 배려가 너무 감동이고 감사할 따
름이다.

Chapter 4#   무역에 대한 남다른 애정, 학문적 지식과 통찰력

교수님께서는 연구실에서 항상 책이나 해외 논문을 읽고 계셨고 때
때로 학생들에게 논문을 추천해 주시기도 했다. 어떤 사건이나 현상을
"그냥" 바라보는 것이 아니라 교수님만의 "시각"으로 해석하셨고 이는
곧 새로운 "아이디어"가 되었다. 교수님의 남다른 시각은 주로 연구 프
로젝트들에 반영되었는데, 교수님께서 말씀하신 연구주제로 계획서를
작성한 경우 프로젝트 선정 확률이 굉장히 높았다. 특히 탄소 배출에
대한 주제는 프로젝트 진행 당시에는 국내에서 크게 이슈가 되지 않았
었지만, 이후 환경에 대한 관심이 높아지면서 확산된 주제이기도 하다.
성균관대학교에서 유일한 "무역" 관련 학부 교양과목인 "글로벌 무
역의 이해"도 교수님께서 개설하셨다. 무역학과 학부과정이 없는 성균
관대학교에서도 학부생들이 "무역"에 대해 배울 수 있게 하신 것이다.
"글로벌 무역의 이해"는 본디 100% 온라인 수업으로 개설되었는데 당
시에 온라인 수업이 많지 않았다는 점에서 획기적인 접근이었다. 100%

온라인으로 진행된 "글로벌 무역의 이해"는 오프라인 출석 제약이 없
어 인사캠, 자과캠 학생들 모두 수강할 수 있었고 인기 과목이 될 수
있었다. "글로벌 무역의 이해"는 개설 횟수가 거듭되면서 100% 온라인
수업에서 팀티칭이나 블렌디드 수업으로 운영방식에 변화를 주어 학생
들이 계속 수강할 수 있게 하셨다. 실제로 "글로벌 무역의 이해" 교과
목을 수강한 학생들 중에 무역에 대해 관심을 가지거나 관련 자격증을
취득하는 학생들이 있을 만큼, 학생들이 좋아하는 과목이 될 수 있었던
건 모두 교수님의 무역에 대한 애정 때문이 아니었나 싶다.

교수님에 대한 일화를 더 소개하지 않아도, 교수님은 누가 봐도
"제자에 대한 애정이 넘치는 스승"이라는 사실을 제자들은 모두 알고
있다. 교수님과의 대화에서 느껴지는, 제자들이 본받고 싶어 하는 학문
적 지식, 연구에 대한 열정, 통찰력은 교수님의 꾸준한 독서와 사색에
서 비롯된 부분이 아닐까 싶다. 어쩌면 교수님께서는 제자들이 생각하
는 것 이상으로 훨씬 더 많이 부지런하게, 성실하게, 끊임없이 노력해
오셨을 것 같기도 하다. 그리고 우리 제자들 중에 교수님 이상으로 아
니, 교수님 버금가게 노력한 사람이 과연 몇 명이나 있을까. 반성하게
된다.

올해 정년을 맞이하신 교수님은 벌써 제2의 인생을 시작하신 것 같
다. 유튜브 채널 개설, 교육컨설팅 사업 등 여전히 부지런하게 달려가
는 중이시다. 그렇지만 제자의 마음으로는 새로운 "도전"을 하시는 것
도 좋지만, 그동안 계속 달려오셨던 만큼 여가시간도 가지시면서 "소소
한 재미"도 찾으셨으면 좋겠다. 보다 편안하셨으면 좋겠고 늘 건강하시
고 행복하시길 바란다.

언제나 존경하고 감사합니다.

24

한국 유학 생활을 성공으로
이끌어 주신 박명섭 교수님

후쿠다 신야

저는 일본에서 학부·석사과정을 다니고 주로 일반 경제학을 배웠습니다. 그러던 중 관심분야가 점차 국제무역학 방면으로 바뀌게 되었고 그중에서도 특히 자유무역협정FTA과 국제물류에 대해 많은 관심을 가지게 되었습니다. 그 당시에는 한국에 아는 사람도 거의 없었지만, 일본보다 적극적으로 FTA를 체결하고 있던 한국에 매력을 느끼고 한국으로 유학을 가야겠다고 결심했습니다.

염원이었던 한국 유학 생활은 어학당에 다니는 것부터 시작했고, 지금까지 한국에서의 생활을 통해 많은 경험을 쌓을 수 있었습니다. 초기에는 가나다라도 모르는 수준이었기 때문에 한국어 기초부터 배웠습니다만 지금도 즐겁게 한국어를 배웠던 추억이 생각납니다. 약 1년 6개월 정도의 어학당 생활이 지났고 드디어 한국에 유학 온 본래의 목적, 대학원 박사과정에 입학하기 위해 입학지원서를 제출할 수 있는 시기를 맞았습니다. 그러나 어학당에서는 외국인들과의 교류 기회는 많았지만, 한국인들과의 교류 기회, 특히 무역에 관련된 분들과 만날 기회는 전혀 없었기에 막연한 상황이었습니다. 하지만 저는 주저할 시간이 없었고 합격 가능성이 낮다는 사실도 알고 있었지만 성균관대학교 일반대학원 무역학과에 지원하기로 결심했습니다.

▶ 일본 코베항에서 교수님, 동료들과

　　그때가 박명섭 교수님과 인연을 가지게 된 시점입니다. 입학지원서를 내고 며칠 후에 무역학과 사무실 조교님께서 "박명섭 교수님이 한번 만나서 말씀을 나누고 싶다고 하시는데, 혹시 연구실로 올 수 있습니까?"라고 연락을 주셨고, 저는 바로 "네!"라고 대답했습니다. 연락을 받고 며칠 후에 박명섭 교수님을 처음 뵙게 되었으며, 대학원 지원 이유를 비롯해 가족이나 등록금 등에 대해 말씀을 나누었습니다. 그 때가 어제 일처럼 생각납니다. 그후 무사히 무역학과에 입학하게 되었으며, 박명섭 교수님 덕분에 제가 한국에 유학 온 본래의 목적이었던 대학원 박사과정에 입학하고 공부를 할 수 있는 기회를 가지게 되었습니다. 한국어로 국제무역에 대해 배운다는 것은 그렇게 쉬운 일이 아니었습니다만, 박명섭 교수님을 비롯해 연구실의 선배님들이 도와주신 덕분에 무엇 하나도 어려운 일이 없었고 지금까지 연구를 계속해 올 수 있었습니다.

또한, 구직 활동을 할 때에도 박명섭 교수님의 은혜를 많이 받았습니다. 박명섭 교수님 지도하에서 배울 수 있는 것만으로도 기쁜 일이었습니다만, 박명섭 교수님께 배웠던 지식을 활용해서, 일본 외무성 주대한민국 일본국대사관이나 규슈경제조사협회와 같은 곳에서 연구직으로서의 근무 경력을 쌓을 수 있었습니다. 앞으로도 박명섭 교수님이 가르쳐 주신 지식을 기반으로 해서 더욱더 좋은 성과를 남길 수 있도록 열심히 연구하고 싶다고 생각합니다.

▶ 일본 동지사대학교에서 박명섭 교수님과 제자들

▶ 2017년 한일 공동 국제학술대회 기념사진

　　마지막으로 박명섭 교수님, 그동안 정말로 수고 많으셨습니다.
　　항상 건강하시고 앞으로도 잘 부탁드립니다. 감사합니다.

25

Dear Professor Myong-sop Pak

Juneho Um

Fortuitous Meeting

It has been more than 20 years since I have known Professor Myong-sop Pak. Although it is a hazy memory of when I first met Professor Myong-sop Pak, as far as I remember, the first individual meeting happened to get a recommendation letter for studying Abroad. I had a PG study offer from one of the Universities in Australia and Professor Pak kindly suggested providing me with a reference since I attended one of his Undergraduate modules at Sungkyunkwan University around 2002/2023. I clearly remember that the meeting date was just one day before the application deadline for studying MA in International Trade at Sungkyunkwan University. After a constructive and thoughtful meeting with him, I decided to start my

MA journey with him at the same University I just graduated from. This decision eventually guided my life staying in the academic field of Supply Chain management.

Master under the supervision of Professor Pak

I can't believe how quickly two years of master's study had gone. It was an incredibly busy but extremely enjoyable experience as a step to explore further Ph.D journey as well. Since Professor Pak also re—joined Sungkyunkwan University in 2002, if my memory is not rotten, he, as a group leader planned and carried out enormous and supportive academic activities enlightening students' future careers and providing an opportunity to taste the academic life how it looks like. All those experiences were enough to trigger positive perceptions of how studying could be more than fun and fulfil enrichment of the life. For instance, he organised several conferences to visit China 2—3times as well as Japan using Ferris from Busan. It was a more than memorable experience for those who just started the MA, like me, by broadening global insight and providing a warm opportunity to build trustful relationships with professors, seniors and friends. Also, regular academic seminars and informal meetings encouraged me to enhance my life long skills.

Ph.D under the supervision of Professor Pak

Experience in studying two years of Ph.D courses under the supervision of Professor Pak was supportive and fruitful. At that period, I reckon Professor Pak was very hectic with his academic roles and activities such as organising several conferences in Korea and other countries. After the authentic discussion regarding my future direction with him, Professor Pak happily backed my decision to restart my Ph.D at the University of Liverpool in 2009 where Pak had studied Ph.D from 1988 to 1991. At that moment, that was one of the toughest decisions for me to proceed with, however, I had been encouraged to move forward with sincere support from him. For instance, I remember he kindly sent an email to my UK supervisor, Professor Andy Lyon to explain my motivation and academic background as a referee. The lesson learned at Sungkyunkwan University was incredibly valuable to explore a new Ph.D journey in the UK. Last, but not least, the unforgettable, trivial but delightful memories under his supervision in Korea still make me smile and often I am missing those reminiscences.

Colourful Memories

Well, there are amounts of wonderful memories with him. Especially cheerful remembrances from group trips, seminars and internal/international conferences with Pak and the member of the study group of Sungkyunkwan University still stir up warm my nostalgia. Professor Pak has always stressed and encouraged trustful relationships among group members and with all other academics. Naturally, I have spent an unforgettable, amazing time  with them who are still my best teachers, seniors/juniors, friends and colleagues until now. Yes, I sincerely appreciate Professor Pak putting his pure efforts into the group and faculty through diverse contributions since I completely understand this is not an easy task for a leader without love, enthusiasm and sacrifice. Also, my personal experience with Professor Pak always makes me happy to remember. We enjoy hiking, actually, up to the top of the mountain in Seoul one day, walking around the parks, and having great dinners etc. since my house was quite close to his. There are enormous and incredible recollections I am not able to describe all here, but all those happy memories are always kept in my mind firmly. Also, I would like to express my gratitude to Professor Pak for advising me even during my Ph.D journey at the University of Liverpool.

Fateful Meeting

I could not meet him frequently since 2009 living for 15 years in the UK and now I am a father who has a 13 years old secondary school boy. We could meet opportunistically once I have a chance to visit Korea, mostly during the summer break at the University. Especially after the completion of Ph.D at the University of Liverpool (2013), it is a shame that there has been little chance to physically meet with him due to logistical restrictions working at UK universities for around 10 years. I don't believe Professor Pak is now retired since my watch has been stopped once I moved to the UK. For me, he is still 50 years old. Time really flies.

When I look back on my hectic life journey, now I can see whom I met by chance, and recognise how this 'Fortuitous Meeting' could be regarded as a 'Fateful meeting' in my life. It is a great honour to meet you and thank you for advising me as a mentor as well as guiding me to seem like a friend when I felt confused in my life. I hope you love a happy and relaxed new chapter of your life after retirement, of course in a good health, which might be the most crucial part of your life that you are deserved to enjoy. Many thanks again, Professor Pak!

Best wishes

26

늘 감사합니다.
나의 성균관대학교 무역학과 선배님!

윤재호

나는 성균관대학교 무역학과 81학번이다. 신입생 때 우리는 세부 전공 없이 성균관대의 경상대학으로 입학했다. 1학년 2학기 때 나는 '무역학 개론' 수업을 들었는데 국제 경제 관계에 관한 내용을 아주 신선하게 들었고 성적도 잘 받았다. 2학년 진급을 앞두고 전공을 선택하는 과정에서, '무역학 개론'을 강의하셨던 무역학과 학과장께서 내게 성적장학금을 제의하셨다. 그래서 나는 그렇게 무역학과 학생이 되었다.

학과장님께서 일러주시는 대로 무역학과 사무실을 처음 방문했는데, 키가 크고 넓은 안경을 쓰신 조교님이 계셨다. 그분은 큰 목소리로 껄껄 웃으시며 "방금 학과장님으로부터 전화를 받았고, 필요한 서류 절차를 진행해 놓을 테니 너는 그냥 집에 가면 된다!" 하고 부산 사투리로 말씀하셨다. 나는 학부 학생이고 그분은 하늘같은 조교님이시니 나는 그분의 존함도 묻지 못하고 그냥 '예!' 한 마디를 남기고 학과 사무실을 빠져나왔다.

무역학과 첫 학기인 2학년 1학기에 나는 약간의 회의와 방황기를 겪었다. 무역학과 개설과목 중에서 무역이론 과목들은 흥미로웠으나 무역실무 과목들은 그다지 나의 흥미를 끌지 못했다. 그러던 차에 우연히 무역학과 80학번의 한 선배님을 만나게 되었다. 그분은 내게 '자기와 함께 경제학을 공부해서 교수가 되는 길을 가면 어떻겠느냐'는 색다른 제안을 하셨다. 그래서 나는 그 후로 최대한 많은 경제학 수업을 듣기 시작했다.

그러던 어느 날, 경제학을 권해주셨던 그 선배님이 내게 이런 말씀을 해주셨다. "박명섭 조교님이 너를 굉장히 귀엽게 생각하신단다." 그때 비로소 나는 무역학과 사무실에 계시는 그 키 큰 조교님의 성함 석자를 알게 되었다. 당시 나는 뭔가 골똘히 생각하며 늘 갖은 우울한 표정을 짓고 다니는 편이었다. 하지만 그 키 큰 조교님은 우연히 내 곁을 스쳐 가실 때마다 큰 웃음과 사랑 넘치는 눈빛을 보내며 가까이 오셨다가는 성큼성큼 홀연히 멀어져가곤 하셨다.

나는 경제학을 권해주셨던 그 선배님으로부터, 박명섭 조교님이 우리가 무역실무를 전공할 것을 아주 강하게 권유하신다는 말씀을 몇 번이나 들었다. 경제학보다 무역실무를 공부하면 앞으로 교수가 되기에 더 유리하다고 확신하셨기 때문이다. 하지만 우리는 이미 경제학의 세계에 흠뻑 빠져 있었기에 박명섭 선배님의 그런 말씀은 더 이상 마음에 들어오지 않았다. 그리고 그렇게 우리는 각자 자기의 길로 갔다.

나는 1995년에 미국에서 박사학위를 마치고 삼성경제연구소의 연구원으로 근무하다가 1998년에 한라대학교의 교수로 임용되었다. 박명섭 교수님은 2001년까지는 부경대학교에 계셨고 2002년에 성균관대학교 경영대학 글로벌경영학과 교수로 임용되셨다. 처음에 우리는 성대 무역학과 박사 동문 모임인 행무회商貿會에 참석하는 것 말고는 별다른 연락을 하지 않고 지냈다.

▶ 한라대학교 윤재호 교수

그러다가 2005년도에 나는 박명섭 교수님으로부터 성균관대학교 대학원 무역학과 강의를 한 강좌 의뢰받았다. 한라대학교에는 일반대학원 과정이 없었기에 나는 매우 흔쾌히 수락하였다. 그 이후로 나와 박명섭 교수님은 때로는 강의로 때로는 공동 연구로 때로는 학회 일로 자주 만나기 시작했다. 우리는 특별한 일이 없어도 가끔 삼성동 같은 데서 만나 식사도 하고 영화 관람도 하곤 하였다. 박 교수님은 기회가 날 때마다 나에게 이런 저런 애정 깊은 조언도 아끼지 않으셨다. 그때마다 나는 마음 속에 '어? 그 키 크고 넓은 안경테 쓰신 부산 조교님께 이런 살가운 면이 있었나?, 어? 이게 대체 무슨 일이지?' 하는 생각이 들곤 했다.

모든 사람 관계가 그렇듯 나와 박명섭 교수님과의 관계도 늘 순탄하지만은 않았다. 나는 전형적인 ISTJ 유형, 소심하고 내성적이며 융통성이 부족한 사람이다. 나는 평소에는 잔잔하다가도 어느 날 갑자기, 소심하지만 분명하게 마음에 쌓인 것을 쏟아내는 경향이 있다. 박명섭 교수님도 몇 차례나 나의 불화살을 정면으로 받으시곤 했다. 내가 옳다고 생각해서 그랬던 것이지만 지나고 보면 결국 내가 옳게 판단했던 것이 아니기 일쑤였다. 그런 일이 있을 때마다 박명섭 교수님과 나의 관계는 일단 소원해졌다.

하지만 그 소원한 관계가 너무 길어서 끊어질 정도까지 가지는 않았다. 새까만 후배가 면전에서 그렇게 불쾌하게 해드렸는데도 박명섭 교수님은 마치 그런 일이 전혀 없었던 듯 언제나 내게 먼저 손을 내밀어 연락을 해주셨다. 박 교수님께는 나와 같은 학번의 친동생이 한 분

계시다. 어쩌면 박 교수님은 나를 그 친동생처럼 생각하시면서 용서했을지 모르겠다. 그래서 우리 관계는 그렇게 이토록 이어져 왔다.

2020년 7월에 나는 위암 수술을 받았다. 위의 삼분지 일을 남겨 놓고 나머지를 절제해 냈다. 나는 크게 실망하게 되었고 삶의 의욕을 많이 잃었다. 솔직히 말하면 고통 많은 이 세상, 하루라도 빨리 떠나서 하나님께로 가고 싶은 마음밖에 없었다. 이때에도 박명섭 교수님은 내게 큰 위로의 손길을 내밀어 주셨다. 여러 가지 유익한 유튜브 내용, 신문 기사, 추억의 팝송 등 자신의 사적인 삶의 흔적들을 사용하여 아주 세밀하게 내 마음을 위로해주셨다. 내 삶에 있어 혈육이 아닌 남으로부터 그렇게 세밀한 위로를 받은 적이 없었다.

그리고 나는 오늘 또 하나의 카톡을 받았다. 박명섭 교수님과의 에피소드에 관한 짧은 글을 한 번 써보면 어떻겠느냐는 내용이었다. 그래서 나는 늘 그랬듯이 오늘도 박명섭 교수님께 감사하는 마음을 갖고 이 글을 쓴다.

나의 성균관대학교 무역학과 선배 박명섭 교수님! 늘 감사합니다!

27
민족 문화와 외국어 교육

박근우

　민족 문화와 외국어 교육이라고 하는 각 개념은 얼핏 생각하기에는 상호 관계가 없는 문제로 보인다. 민족 문화란 한 민족이 일정한 지역에서 생활을 영위하면서 정치, 경제, 과학, 사회, 교육 등 여러 분야에서 이룩한 정신적 활동과 생활 양식이라고 생각할 수 있으며, 이러한 문화는 역사의 소산이라고도 할 수 있다. 민족 문화와 외국어 교육의 관계는, 소극적인 의미에서는 관계가 없다고 볼 수도 있으나, 적극적인 관점에서 이 두 개념의 관계를 고찰하는 것은 의의가 있으리라 생각한다.

　민족 문화는 대체로 민족을 주체로 하여 생성 발전되는 것이지만, 민족의 역사의 정신면이나 물질면에 있어서 다른 민족과 안전히 유리된 상태 속에서 이루어지는 것은 아니다. 따라서 어떠한 문화이든 완전히 독립적인 것은 있을 수 없으며 인류 문화의 테두리 속에서 그 공통성과 보편성을 지니고 있다. 각 민족 문화는 전체로서 인류 문화에 속하면서 독자적인 특성을 유지한다.

민족 문화라는 개념과 외국어 교육은 민족 문화를 위해서 존재한다고 말할 수 있을 것이다. 우리가 외국어 교육을 실시하는 일반적 목적은 그 해당 외국어의 언어 기능을 습득하며, 그 외국어가 사용되는 문화권의 문화(정신적, 물질적 생활 양식, 제도・정신적 유산으로서 예술 등)를 이해하는 것인데, 이러한 목적을 달성코자 하는 이유는 그 일 자체를 위해서가 아니라 궁극적으로 민족 문화의 발전을 위한 것이라고 해석되어야 한다. 우리가 자기 이외에 남을 알고자 하는 것은, 일반 지식의 습득의 경우처럼 남을 위한 것이 아니고 자기 발전을 위한 것이다.

이러한 의미에서 볼 때 외국어 교육이 우리의 정신적 물질적 생활에 미친 영향은 막대한 것이다. 구체적으로 '무엇이 얼마만큼 외국어 교육에 의해 달라졌느냐'하는 것을 측정할 수 있는 길은 없다. 그러나 외국어, 특히 영어, 독어, 불어 등 현대어의 교육에 의해서 우리들은 서구 문화를 이해하고 섭취하게 되었다. 그 영향은 우리의 정치 경제 교육 군사 예술 등 모든 제도와 생활에 걸쳐서 매우 현저하다. 드디어 우리의 정신 문화나 정신 생활은 어느 정도 세계문화라고 하는 동질성을 띠게 되었다. 외국 문화의 섭취에 의한 이러한 동질화의 추세는 시간의 경과와 함께 증대되어 인류 문화라고 하는 대단위의 문화에 동화되는 경향이 가속화될 것이다.

여기서 문제되는 것은 좁은 의미의 소위 "민족 문화"를 어떻게 유지 발전시키느냐는 문제이다. 세계 문화 속에 흡수되어 동화 작용을 받지 않을 수 없는 것이 현대의 특징이라면, 타문화의 영향에서 벗어나 고립할 수 있는 민족 문화가 있을까 하는 문제이다. 이것은 과거의 우리 문화적 유산을 보존하는 문제와 다른 이야기이다.

우리는 좁아져 가는 이 세계 속에서 남의 좋은 것을 받아들이면서 자신의 가치관 주체성을 유지해야 하는 이율배반적인 상황에 놓여 있다. 우리가 살고 있는 현세계는 단일 지구화되어 가면서도 아직 민족의 경계선이 굳게 그어져 있다. 외국 문화가 외국어를 통해서 수입되는 점에 있어서 외국어는 외국 문화의 매개물이다. 따라서 외국 문화의 이해와 수입은 외국어 교육에 좌우되지 않을 수 없다. 외국 문화를 효율적으로, 정확하게 받아들이기 위해서는 외국어 교육의 효율성이 무엇보다 전제되어야 한다.

둘째, 민족 문화와 외국어 교육에 있어서 생각해야 할 문제는 우리 문화의 해외 진출과 소개이다. 민족의 이상, 정신적 유산을 해외로 수출함에 있어서 중요하고 필요한 것은 외국어의 역할이다. 이 일은 외국어의 도움 없이는 불가능하고, 지금까지 외국어 교육은 대개 외국 문화의 수입이나 문물의 이해를 위한 일방적 목적을 위해서만 실시되어 왔다. 이제는 우리의 문화적 가치를, 우리의 주장과 생각 등을 정확하게 알리기 위하여 새로운 노력을 외국어 교육에 쏟아야 한다. 이것은 시대적 요청이며 과제이다.

민족 문화는 전체로서의 인류 문화의 일환으로 기여하게 될 때 참된 의의와 가치를 인정받을 수 있을 것이다. 이런 시점에서 볼 때, 민족 문화와 인류 문화는 불가분의 관계를 가지는데, 이것은 부분과 전체의 관계와 같다. 부분은 전체 속에 존재하면서 그 전체의 필요 불가결의 요소이다. 이 두 관계는 상호 의존의 관계인데, 민족 문화는 인류 문화에 공헌하며, 한편 인류 문화는 민족 문화를 살찌게 하며 영향을 끼친다.

이와 같은 상호 작용에 있어서 외국어는 그 교량의 역할을 한다. 외국어를 통해서 민족 문화는 국제 사회에 접근하며, 외국어를 통해 외국 문화는 민족 문화와 접촉하게 된다. 그러나 우리의 언어가 세계에서 널리 분포되어 사용되는 주요한 언어가 아닌 이상, 외국어에 대한 우리의 의존은 불가피하다. 국제적 교류가 증대하며, 다른 한편으로 선의의 경쟁을 수행하며, 민족 문화를 육성 발전시켜 인류 문화에 공헌하기 위해서는 외국어의 교육은 강조되고 개선되어야 한다. 한국어가 오늘의 주요 언어인 영·독·불·서의 위치를 차지하기 전에는, 우리는 외국어 교육을 중시하지 않을 수 없다(가령 그런 시기가 오더라도 외국어 교육은 여전히 중요한 교육 분야로 지속할 것은 틀림없다).

우리나라에 있어서 외국어 교육(한문 교육을 제외한)의 역사는 상당히 길다. 영어 교육의 경우, 1883년에 선교사들에 의해 개시되어 거의 1세기를 넘는 세월이 흘렀다. 이 긴 세월 동안 우리는 얼마만큼의 일을 했으며, 또한 성과를 올렸는지에 관해 반성하고 앞으로의 진로에 대한 적극적인 검토가 있어야 할 시기에 도달했다.

(원문: 1990년 작성)

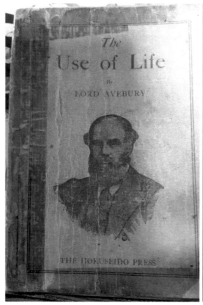

▶ The Use of Life 원서와 번역서

28

정어리 집단 폐사 토론회
전국 공개 유튜브 방송을 제안한다!*

박명섭

    나는 중앙지에 수산분야의 칼럼을 여러 차례 발표했다. 수산분야의 이슈를 중앙지에서도 더 많이 다뤄주길 바란다. 대학교수나 연구자들도 일반인이 거의 보지 않는 전문잡지나 지역신문도 좋지만, 중앙 언론지에 수산 이슈를 게재하길 바란다. 그래야 수산분야에 대한 국민의 관심을 모으고 여론을 조성할 수 있다. 인구가 집중돼 있는 수도권 사람들이 수산 분야의 이슈가 뭔지도 모르는 게 현실이다. 그냥 맛있는 물고기, 조개 등을 식당에서 먹으면 그만이다. 이것들이 어떻게 식탁까지 오르게 되는지는 별 관심이 없다. 하지만 수산업의 공급망 현장에서 일히는 자들의 고충은 이만서란 아니다. 나는 1986년 영도에서 선원교육을 받고 선원수첩을 발급받아, 부산수대 실습선 새바다호를 타고 약 50일간 원양어업 실습에 참여해서 잘 안다.

---

* 2022년 10월 24일 현대해양 투고

2달 전에 퇴직하자마자 어린이를 위한 '바다교실'(하루 2시간, 5일간, 해양수산 전반의 내용)을 개최하고자 여러 곳에 발품을 팔며 지원을 노크했지만 뜻을 이루지 못하고 있다. 세월호와 한진해운 파산 이후 국민들이 바다에 대한 인식이 부정적으로 많이 바뀌었다고 본다. 도전, 행복, 풍요, 희망의 바다라는 인식을 어린이에게 심어주고 싶다. 해양정신 고취가 해양수산부의 최우선 과제라고 본다. 다음 달에는 바다를 일터로 하는 기업을 방문해 2장으로 작성한 '어린이 바다교실' 개설안을 보이면서 문의하고자 한다. 한진해운 파산 이후 국민 세금으로 조성된 한국해양진흥공사, 그 공사로부터 가장 많은 지원을 받은 기업, 용케도 엄청난 수익을 올린 이런 기업들이 국민의 해양정신 함양 사업에 발 벗고 나서야 한다.

▶ 한국해양진흥공사

그런데 이게 무슨 일인가? 최근 마산만 등에서의 정어리 집단 폐사! 아 바다가 어쩌다 이리 되었나? 누구 잘못이냐?

정어리가 건강관리를 잘못한 탓인가? 바다에 책임이 있나? 사람에 책임이 있나. 물고기를 잡는 사람 잘못이냐? 물고기 잡는 걸 규제하는 사람의 잘못이냐? 바다에 산소가 부족해? 멸치'만' 잡아야 하는데, 걸려든 정어리를 법 준수를 위해 그 많은 것들을 해상 투기했단 말인가?

▶ 어선

　정어리 폐사 이슈는 중앙지에서는 별로 다루고 있지도 않다. 전문지 현대해양, 지방 신문에서 주로 다루고 있어 그나마 다행이란 생각이 든다. 입 벌리고 배를 하늘로 향해 죽어 있는 정어리 떼 모습을 어린애들이 본다면, 바다를 어떻게 생각하겠는가? 역으로 나는 못 보고 안 보는 게 다행이라는 생각까지 한다. 반드시 근본 원인을 밝혀야 한다. 산소부족 탓인지 탁상 이론적인 규제 탓인지를, 현장의 어민 그리고 전문가 집단과 해수부 담당자들이 함께 모여 계급장 떼고 공개토론하면 답이 나오리라 본다. 이에 이 문제를 유튜브로 전국에 방영하면서 문제 해결의 실마리를 찾기를 제안한다.

　끝으로 내가 운영하는 유튜브 방송 '와글와글 세상 TV'에서도 강의한 서경의 문구를 전게한 좌전의 글귀와 함께, 우리나라 해양수산 관리의 거버넌스Governance에서 최정상에 있는 해양수산부에 바친다.

[와글와글 세상TV] 정어리 물고기 수산 인터뷰 1

▶ [와글와글 세상TV] 정어리 물고기 수산 인터뷰(with 현대해양 박종면 편집국장님)

작은 일을 중시하지 않으면, 마침내 큰 덕을 망친다.
산 아홉 길을 쌓는 데, 공이 한 삼태기 때문에 무너진다.
不矜細行, 終累大德. 爲山九仞, 功虧壹簣(書經)
불긍세행, 종루대덕. 위산구인, 공우일궤 (서경)

29
내 고향은 부산입니더!*

박명섭

　나훈아의 '내 고향은 부산입니더'와 최백호의 '부산에 가면'을, 눈 감고 광안리와 해운대를 떠올리며 유튜브로 감상한다. 2002년 2월 솔 가해 부산역을 뒤로하며 서울로 떠나는 열차 좌측 창가에서 낙동강 물 을 바라보며, 퇴직하는 2022년 8월에는 돌아간다고 다짐했건만, 여전히 서울에 산다. 부산 출신 두 가수 덕에 가끔 음악으로 고향의 그리움을 달래본다.

　얼마 전 나림 이병주 선생의 타계 30주기 관련 기사를 국제신문에 서 읽었다. 반가웠다. 나림 선생의 소설을 얼마나 많이 읽었던가. 마지 막으로 읽은 선생의 소설은, 10여 년 전 속으로 키득키득하다 한숨지 으며 읽었던 '돌아보지 마라'였다.

　생각이 꼬리를 물고 나갔다. 1982년께 어느 날 나의 대학원 지도 교수께서 고 이병주 선생의 '잊지 못할 사람'이란 칼럼을 보여주며 "박 군! 이 잡지 자네 부친에게 우송하게"라고 말씀하셨다. 그분은 해방 전

---

* 2022년 10월 31일 국제신문 기고

10여 명 남짓한 한국인 수재가 입학한 '동경외국어전문학교' 출신으로, 중국어·일어는 네이티브 수준에 영어도 능통한 분이셨다. 부산 서면에서 가친과 함께 대포 한 잔 거나하게 하시곤 했다. 아마 칼럼 '잊지 못할 사람'에 등장한 분에 대해 말씀도 나누셨나 보다 생각했다. 이미 두 분 모두 고 박희영이라는 분과 교류를 했었다.

와세다대학 불문과를 중퇴한 나림 선생의 그 칼럼은 내 지도 교수와 1930년대의 동경외전 입학 동기생인 '박희영'이라는 분에 대한 글이었다. 그 칼럼 내용은 대충 이러했다. 불문 학도였지만 중도 하차한 필자(이병주)가 일본 최고 외국어교육기관에서 수학한 박희영의 우수성(영어·불어는 정말 출중)을 회고하고, 이분의 부산제2상업학교(뒷날 부산상고, 현재 개성고) 학생 시절 에피소드를 소개했다.

당시 부산2상 교장실을 학생 당번이 청소했는데, 어느 날 일본인 교장이 출근하니 교장실 새장의 앵무새가 "바카야로, 바카야로!" 중얼거렸다. 화가 난 교장이 조사한 결과, 박희영 선생이 앵무새를 그렇게 교육시킨 것이었다는 내용도 들어 있었다. 가친께서 부산상고 출신이며 나는 그 학교가 있었던 부산 서면 출신이다. 그 칼럼을 읽으며 배를 잡고 웃으면서 통쾌해했다.

아! 이런 분이 계셨구나. 박희영 선생은 밀양에서 태어나 부산에서 중고교 시절을 보냈고, '나의 투암기' 등 칼럼을 부산의 신문에 자주 투고했으며, 한국외대와 인하대의 교수로 재직했다. 당시 국제무역을 전공하던 나는 이런 생각도 했다. 부산에서 도쿄까지 어떻게 갔을까? 함

▶ 부산 바다사진

흥 출신인 내 지도 교수님은 어떻게 도쿄까지 갔지? 기차로 함흥에서 경성, 경성 1박, 기차로 경성에서 부산, 부산 1박, 관부 연락선으로 1박 2일, 시모노세키에서 하선하고 1박, 여기서 도쿄행 기차. 도어 투 도어로 4박 5일 걸릴 것 같다. 그야말로 해륙복합운송이다!

생각은 꼬리를 물고 나간다. 아버지가 어린 나에게 자주 말씀해 주셨던 또 한 분이 부산 서면 출신으로 불어불문학을 전공하고 서울대 교수를 지낸 고 박옥줄 선생이다. 동래고 출신으로 1950년대 프랑스 정부 초청으로 유학한 그분은 내 가친의 멘토이셨다고 생각한다. 수년 전 아버지는 살아 마지막으로 이분을 만나시러 상경하셨다. 아버지의 그 모습이 뇌리에 남아있다. 부산에 불어를 하는 사람이 없어 당시 대구 성당 신부님이 프랑스 출신이라 불어로 대화해 보려고 1박 2일로 대구로 갔다는 얘기를 가끔 해주셨다.

나의 아버지는 부산에서 태어나 6·25 참전과 미국 유학 시절을 빼고 부산에서만 살아오셨다. 구순이 지난 아버지는 1960년대에 풀브라이트 장학생으로 미국 유학을 다녀오셨고 경남고, 부산고, 부산대 등에서 영어와 영어학을 가르쳤다.

▶ 박명섭 교수

나림 이병주 선생의 기사를 계기로 부산의 출중한 외국어문학 전공자 3인에 대해 쓰면서, 부산은 역시 글로벌 DNA가 넘치는 사람들을 낳은 도시라는 생각으로 이어졌다. 지난 10월 15일 세계박람회 유치 기원 BTS(방탄소년단) 콘서트가 부산에서 열렸다. 정말 대단했다. BTS의 성원과 열정, 부산 시민과 국민의 바람에 힘입어 2030 월드 엑스포가 부산에서 개최되길 간절히 기도한다.

Epilogue
후 기

　지나간 시간이 실선이라면 기록된 역사는 점선이라고 하겠다. 간단없이 흐르는 시간 속에서 살아가는 개인의 생애도 시시각각으로 이어지는 행동과 일로써 이루어진다.

　살아온 지난날을 되돌아보려고 할 때 흘러간 세월의 모든 시간을 빠짐없이 헤아려 보고 끊임없이 이어진 일들을 사사건건 상기한다는 것은 불가능한 일이다. 역사의 기록이 의미 있는 주요한 사건을 중심으로 과거를 기술하고 있듯이, 개인의 흔적을 나타내는 이력서나 내력도 사건이나 일을 중심으로 하지 않을 수 없다.

　우리 사회에서 퇴직이라고 하는 것은 자신이 살아온 지난날을 되돌아보고 앞으로의 여생을 전망해 보는 일종의 '중간평가'의 기회라고 생각한다.

　따라서 인생의 고비라고 할 수 있는 퇴직을 맞이해 나의 지난날의 思와 情 그리고 知의 일면을 보여 주는 문하생 및 지인의 산문을 정리, 한자리에 모았다. 공식 이력서를 보충해 살아온 발자취를 알아보는 뜻에서.

　2022년 8월 31일 약 40년간의 대학교수 생활을 마무리하면서 황조근정훈장을 수상했다. 바다의 날에는 대통령상을 수상했다. 젊은 교수 시절에 정년퇴직하는 교수를 보고 '축하드립니다'라는 말을 옆에서 들

을 때마다 의아해 했다. 떠나시니까 섭섭할 터인데, 축하드린다니 이게
말이 되나 하고 생각했다.

　그런데 그게 아니었다. 건강과 여러 문제로 중도에 그만두는 교수
들을 많이 봐왔다. 그리고 정년퇴직을 하지만 불미스러운 일로 훈포장
을 못 받고 정년 하는 사람들도 봐 왔기에 정말 '축하드립니다'라는 문
구가 맞구나 절감했다. 사서오경 중의 하나인 좌전에 나오는 다음 문구
를 더욱더 명심하고 살아가야겠다.

> "사람으로서 누구인들 잘못이 없겠느냐
> 잘못하고 고칠 수 있다면 좋은 일은 그보다 더 큰 것이 없다.
> 人誰不過, 過而能改, 善莫大焉 (左傳)
> 인수불과, 과이능개, 선막대언 (좌전)"

　퇴직을 하고 나니 최근 약 22년간 재직했던 성균관대학교 경영대학
에서의 일들도 떠오르지만, 1983년 3월 14일에 교육조교로 임용된 후,
1984년의 1년간 시간강사 그리고 1985년 3월부터 2002년 2월 28일까
지 교수로 재직했던 구 부산수산대 무역학과와 부경대학교 국제통상학
부에서의 연구와 강의 그리고 잡무 등이 더 많이 추억처럼 떠올랐다.
그 당시 정겨웠던 선배 교수들 중 타계한 분도 계시지만, 생존하신 분
은 어떻게 지내실까?

　구 부산수산대 무역학과에 해상운송론 전공 공채에 임용되었기에,
국제운송과 국제무역 등을 연구·강의해야 했다. 임용 후 2~3년 지나
면서 원로 교수들께서 내게 수산물 무역 등의 연구를 해 보도록 권유
했다. 당시에는 1주에 1~2회 이상은 원로 교수들의 연구실에 인사하러
가는 게 수산대의 문화였다. 산업적 성격이 판이한 해운업이나 수산업의
일터가 똑같은 바다라서 흥미가 생겨 수산 분야 논문을 즐겨 읽었다.

　그러는 사이 가랑비에 옷 젖듯이 나도 모르게 수산업 연구의 재미

에 빠지게 되었다.

그 결과 1993년 경에 한국수산경영학회에 '유럽공동체의 공동어업 정책'에 대한 논문도 발표하고, 한국연구재단의 연구비 지원으로 "유럽 공동체의 공동어업정책 수립 과정에서의 어민 참여"라는 연구도 하게 되었다. 유럽공동체의 공동어업정책에 관한 논문은 국내 최초였던 것으로 기억한다. 당시 자원경제과의 고 이승래 교수가 자비로 발간하는 '어정포럼'을 돕고자 영어로 발표된 사회과학적인 수산 논문을 번역해 게재했다. 또한 수협월보에도 종종 원고를 투고했다.

그러던 중 2002년 3월에 성균관대학교 경영대로 전직했다. 대학의 성격상 여기서는 수산분야의 연구와 강의가 힘들어졌다.

어떻게 해야 하나 고민하다, 2003년 4월에 해운, 수산, 항만, 해양 관광, 어촌 경영, 해사법, 도서개발 등을 아우르는 바다와 관련된 사회 과학적인 연구를 하는 한국해양비즈니스학회를 설립했다. 2023년이 창립 20주년이며 지금까지 학술지를 55권 이상 발행했다.

돌이켜보면 긴 여정이었다. 1975년에 대학에 입학한 이래 무역학 분야의 강의와 연구를 한국, 영국, 일본 및 미국 등에서 중단 없이 해왔다. 특히 바다와 관계된 무역, 통상, 비즈니스 문제에 집중해 왔다. 그 과정에서 수많은 사람 특히 학생들을 여럿 만났다. 이들과의 만남에서 기쁨과 허무 등 느낀 점이 많다. 그네들도 언젠가는 알게 될 것이다.

2008年 作

私の福岡

8月のピーク時には、私の故郷・釜山から福岡へ毎日9回、そして福岡から釜山へも毎日9回も小型高速船が出港しており、3時間程度で両都市をつないでいる。そして釜山とソウルは高速鉄道が約3時間で連結している。最近では、大韓航空が両都市を朝夕一日2便運航しており、日帰りの往来が可能となった。このように多様な運航手段で頻度高く連結する韓国の都市と外国の都市が他にあるだろうか。

20世紀が「都市化の時代」だとしたら、21世紀は「都市の時代」という。

釜山市と福岡市は現在、超広域経済圏プロジェクトを推進している。

両市は08年10月、「福岡・釜山経済協力協議会」の設立総会を開催。それぞれの国の制度や習慣、言語を超えて連携・協力することをうたった「共同宣言」に調印した。

また、01年11月に私が参加したシンポジウムの主題が、釜山と九州の経済協力であった。

約14年前、釜山で開催された韓日海峡圏フォーラムで私は、釜山－博多間の海上運送を内航運送化できないかと提案したことがある。このアイデアは国境を超越する経済特区構想につながるものだったかもしれない。

08年12月現在の人口が約144万人の福岡市は、08年6月26日付「ニューズウィーク」国際版の特集記事「世界で最も活動感があふれる10都市」に選ばれた日本唯一の都市である。また、オリンピック開催日本候補都市決定のための会議（06年8月開催）で東京と福岡が五輪招致をアピールしたが、驚くべきことに福岡のプレゼンテーションには韓国人女子高生と在日韓国人が登場した。このことは、福岡が真に国際的に開かれた都市であるということを裏付けている。

08年は私の娘3人が日本での生活を経験した。アメリカの大学を卒業後ニューヨークで生活していた長女は、東京の某大学の研究生として来日し、その後ニューヨークに戻った。次女は九州の某大学で3学期を終え、08年9月、留学のためアメリカの大学に旅立った。三女は現在、福岡の中学校に通っている。三女は当初インターナショナルスクールに通うことを希望したが、日本の中学校に通学させることにした。日本を理解してほしいという私の真意をいつかは理解するだろうと思っている。

7年前、ソウル（成均館大学経営学部）に職場を移したとき、学生たちが福岡についてあまり知らないことが本当に残念だった。何度も学生たちを福岡に引率し、ゼミで研究を進めながら私が大好きな都市・福岡を学生たちに理解してもらおうと試みた。パスポートに刻印された「HAKATA」「FUKUOKA」という字は数え切れないほどになっている。

ソウルの自宅を朝6時に出発し8時に福岡行きの飛行機に乗れば、天神には10時半には着くことができる。その日の仕事を終えて最終便20時50分発の飛行機に乗れば、ソウルの自宅には23時頃に帰ってくることができる。様々な理由こそあるが、私が福岡を好きな最大の理由の一つは、国際空港が都心に近いという点だ。

現在福岡空港の滑走路を増設するか新空港を設置するかで議論されているが、アジアのゲートウェイとしてさらに発展するためには空港と都心部の接近性こそ重要であるという点を念頭に置かなければならないだろう。

08年、韓国のとある物流企業CEOと役員を含む約100名が日本に行く際の船上での基調講演を、韓国貿易協会から依頼された。福岡地域の企業、物流施設および博多港に企業家を連れて訪問したいと思っていた私の希望にマッチしたため、喜んで参加した。釜山を出港し、波がとても激しい22時頃に行った船上セミナーで、韓国の企業家たちに何より福岡に注目するよう力説した。今後も福岡の注目度についてアピールしていきたい。

全世界の学生を誘致する大学が福岡にできるといいと思っている。東京の各大学に開設された国際教養学部や、大分県のAPU（立命館アジア太平洋大学）のような大学をベンチマーキングしつつ、都市圏から離れた地域ではなくアクセス性の高い福岡都心部で、日本人と外国人教員が多言語で講義を行う大学が新設、または既存の大学がこのような取組みを行うことは、魅力的なチャレンジであると思われる。韓国や中国の大学教員が外国の大学に兼職できる制度が導入されると、ソウルや釜山、上海等の大学教員もこのような取組みに参加できるようになり、アジア東北部を基盤としたグローバルな大学が福岡から誕生する日が来るだろう。

福岡！博多！

韓国やアジアの都市と共栄していくことができるよう、福岡がハード、ソフト、人的資源すべての要素において協力を進めていくことを願う。

CELERY70

06

▶ 2008년 일본 CELERY70에 발표된 글 나의 후쿠오카(私の福岡)

▶ 동경대학교에서

▶ 전 일본무역학회장과 함께

▶ 일본 JETRO에서

작은 일을 중시하지 않으면, 마침내 큰 덕을 망친다.
산 아홉 길을 쌓는 데, 공이 한 삼태기 때문에 무너진다.
不矜細行, 終累大德. 爲山九仞, 功虧壹簣 (書經)
불긍세행, 종루대덕. 위산구인, 공우일궤 (서경)

　학문의 말석에서 출발해 그나마 뿌리를 내리면서 살아온 과정을 돌이켜보면, 나에게 은혜를 베푼 분들이 참 많다. 부산수산대 무역학과 임용이 내 인생에서 입은 가장 큰 은혜 중의 하나였다는 걸 깨달았다. 그 때 그 분들은 오래전에 타계했기에 퇴임인사도 감사의 말도 전하지 못한다.

▶ 몽환의 광안리(이기수 作)

끝으로 남에게 입은 은혜는 잊지 마라. 남에게 베푼 은혜는 잊어버려라. 하지만 이게 참 어렵다. 대체로 남에게서 입은 은혜는 깨끗이 잊고, 남에게 베푼 사소한 은혜를 언제까지나 들먹이게 된다.

나에게 복숭아를 던지면 오얏으로 갚는다.
投我以桃, 報之以李 (詩経)
투아이도, 보지이리 (시경)

2023년 5월 15일
박명섭

저자별 약력

차상호
부경대학교 대학원 국제통상물류학과
E4U Construction Ltd. 대표 (뉴질랜드)

김후상
성균관대학교 경제학과 학사 (2014 - 2019)
성균관대학교 대학원 경제학과 석사 (2020 - 2021)
The University of Texas at Austin 경제학 박사과정 (2021 -)

박현규
부경대학교 국제통상물류학과 96학번

오충헌
부산수산대학교 1985년 입학
고려대학교 강사

한낙현
경남대학교 무역물류학과 교수

권도세
성균관대학교 대학원 무역학과 석박사통합과정

김경우
성균관대학교 대학원 무역학과 박사과정
동아대학교 금융학과 겸임교수 · 양산발전연구원 원장

김성국
성균관대학교 대학원 무역학과 박사과정 (2015년 졸업)
한국해양대학교 강사

김일광
성균관대학교 대학원 무역학과 박사과정
서일대학교 비즈니스영어과 교수

김호일
성균관대학교 대학원 무역학과 박사과정
한국무역보험공사 부사장

김희준
성균관대학교 대학원 무역학과 석사, 박사과정
전략물자관리원 국제협력팀 팀장

나성수
성균관대학교 대학원 무역학과 석사과정 (2004년 입학, 2006년 졸업)
맥길대학교 병원 기획예산성과부

박세현
성균관대학교 대학원 무역학과 석사, 박사과정
강원대학교 국제무역학과 조교수

박영현
성균관대학교 대학원 무역학과 석사, 박사과정
경남대학교 무역물류학과 조교수

박 우
성균관대학교 대학원 무역학과 박사과정
제주한라대학교 국제경영학과 조교수

박현혁
성균관대학교 대학원 무역학과 석박사통합과정

송효주
성균관대학교 대학원 무역학과 석사 졸업생

신동혁
성균관대학교 경영학과 졸업생

왕효등(王晓腾)
성균관대학교 대학원 무역학과 박사과정

이재호
성균관대학교 학사 (국제통상학 전공)
성균관대학교 대학원 무역학과 석사, 박사과정
한국해양수산개발원(KMI) 물류·해사산업연구본부 전문연구원

진쟁휘(陈争辉)
성균관대학교 대학원 무역학과 석사, 박사과정
중국 허난과학기술대학 상학부 국제경제무역학과 강사
(河南科技大学 商学院 国际经济与贸易系 讲师)

진 탁(陈卓)
성균관대학교 대학원 무역학과 박사과정
중국 산동대학 국제혁신전화학부 부교수
(山东大学 国际创新转化学院 副教授)

홍란주
성균관대학교 대학원 무역학과 박사과정
성균관대학교 경제대학 무역학과 초빙교수

후쿠다 신야(福田真也)
성균관대학교 대학원 무역학과 박사과정
일본 공익재단법인 규슈경제조사협회 연구원
(公益財団法人 九州経済調査協会 研究員)

Juneho Um
Business Studies, Undergraduate at Sungkyunkwan University (2002/2003)
Masters in International Trade at Sungkyunkwan University (2004－2006)
PhD in International Trade at Sungkyunkwan University (2007－2009)
PhD in Business Studies at the University of Liverpool (2009－2013)
Associate Professor (Senior Lecturer) at the University of Essex

윤재호
성균관대학교 무역학과 졸업
한라대학교 교수

박근우
(전)동의대학교 총장
해향 박명섭 선생의 엄친

박명섭
성균관대학교 경영대학 명예교수·와글와글 세상 TV 대표
(사)한국해양통상무역연구원장

[산문집]
해향 박명섭 선생과 더불어

2023년 7월 1일 초판 인쇄
2023년 7월 5일 초판 1쇄 발행

편 저 박   명   섭
기 획 한국해양통상무역연구원
발 행 인 배   효   선
발행처 도서
출판 法 文 社

주 소 10881 경기도 파주시 회동길 37-29
등 록 1957년 12월 12일 / 제2-76호 (윤)
전 화 (031)955-6500~6 FAX (031)955-6525
E-mail (영업) bms@bobmunsa.co.kr
      (편집) edit66@bobmunsa.co.kr
홈페이지 http://www.bobmunsa.co.kr
조 판 법 문 사 전 산 실

정가 17,000원   ISBN 978-89-18-91417-6